エスニックの次元

《日本哲学》創始のために

佐々木健一
sasaki ken-ichi

……勿論、アランの教えに従って、アマチュアのこころを取り戻すべきは一人ひとりの《哲学者》である。それは、さほど容易なことではない。現実に対応する感受性がなければならず、それを哲学的に展開する思索力がなければならない。だが「立論に及ばず」というアカデミックな禁令が緩和されるなら、必ず思索の試みは現われる。しかし、わたくしが本当に憧れ、本当に必要だと思っているのは、そのような思索に対して、共感の輪を広げることであり、これは一人の天才の仕事ではなく、共同体の仕事である。禁令を破って或る思索が提起されたとする。誰もそれに共感を寄せなければ、それだけのことだ。しかし、共感したり、それを否定したいというほどの関心を抱いたならば、その声を挙げなければならない。その声の集まるところに、《われわれの問題》が見えてくる。……

keiso shobo 勁草書房

トロイアの娘たちには、もううんざりだ。
……着物をぬいでゆくと、どの着物よりも飾り立てた
裸という着物が出てくる始末さ。
（J.ジロドゥ『トロイ戦争は起るまい』）

思うに学問は、栄誉や家柄や権勢のように
人生に必要なもの、あるいはせいぜい美しさや
富のように、たしかに人生に役立ちはするが、
遠くから、その本性によるよりはわれわれの
思い込みによって役に立つ、そのような
美質の中に位置を占めるものである。
（モンテーニュ『エセー』第2巻第12章）

まえがき

これは研究書ではない。何かを論証するよりも、仲間たちに訴えかけてその賛同を得たいと思って書いた著作である。アジテーションと見るひともいるかもしれない。それも悪くはないが、アジテーションには手だれの弁論家の技巧、ひとの心を操ろうとする意識と自信の距離感がのぞく。わたくしは本気であって、愚直に語りかける以外の技巧を知らない。既存の著作ジャンルで言えば、マニフェスト（宣言）に近いだろうか。何しろ、新しい美学もしくは哲学の方向を主張しようとしているのだから、その限りではマニフェストと呼んでいけない理由はない。だが、マニフェストは小さな同志的集団の行う自己主張である。わたくしには、党派的な同志はいない。しかし、潜在的にはわたくしのような思いを抱いているひとは少なくないと思う。その人びとに訴えたいのだ。問題は個人の学問ではなく、学問の共同体にかかわることだからである。それ故、正確にはアッピールと呼ぶべきだろう、たとい、通例アッピールと呼ばれるのが短い文章であって、一巻の書物のかたちをとることがないとしても。

何を訴えようとするのか。

それは、一言で言って《日本哲学》の創始への努力であり、そのための方途としての、哲学における「エスニックの次元」への回帰である。わたくしは、これまで殆どもっぱら美学の研究に従事してきて、今後の研究計画も美学のことしか念頭にない。厳密に言えば、わたくしの考えているのは《日本美学》の創始だと言ってよい。しかし、そのためにわたくしが問題としているのは、主として学問のスタイルと慣習であり、これはまさに美学が哲学全般と共有している要素である。学問のスタイルを論じようとするならば、どうしても哲学を問題にすることになる。そこで《日本哲学》の創始である。その必要を主張するということは、《日本哲学》が存在しない、という現状認識を前提としている。「日本の哲学」はあっても、「日本哲学」は存在しない。どのようなものであれ、日本で行われている哲学ならば日本の哲学である。しかし、《日本哲学》と熟して呼びうるためには、独自の問題意識と主張をもっていなければならない。それがわれわれには欠けている。本書の特に第一部、第二部でわたくしの払う努力の大半は、この現状認識を語り、それを仲間に分かち合ってもらうことに注がれる。

では「日本の哲学」は低レベルのものなのか。そうではない。かなり長い間、わたくしは《われわれの美学》に自信をもっていた。自信というのがおかしければ、誇りをもっていた、と言おう。われわれの研究は相当に高いレベルをクリアしていると確信していた。国際会議などに出かけても、世界中の研究者に対して引け目を感じなかったのは、この自負があったからである。個人の仕事は、かれの属する集団の仕事によって支えられている。藝術でも学問でも、創造的な仕事において、低レベルの集団のなかから天才が生まれる、と考えるのは、殆ど夢想に等しい。例えて言うならば、文化的一流国における二流の作家は、文化的二流国の一流の作家よりすぐれているのではないか。国を語るのは気に入らない、というのならば、文化的創造の背景として、かつてのパリや今世紀のニューヨークのような国際都市を考えて頂いてかまわない。ただ、これらの都市もフランスとアメリカの文化的創造物なのだし、わたくしにとって日本は自らの文化的アイデンティティである。わたくしがフランス美学の研究をしているときでも、わたくしの仕事を支えているのは、フランスの美学者ではなく、日本の美学者たちの仕事の水準である。

国際的な場面で確信をもちえた一つの理由は、西洋人と同じ学問をしていて、相互の仕事を同じ尺度で較べることができたからである。われわれの哲学は西洋学であって、西洋人たちと同じ問題を論じてきた。そしてわれわれは、それを普遍的な学問であると思ってきた。しかし、実はそれは単に後進国型の学問だったのではないか。アメリカ人の発明した自動車やコンピュータに改良を加え、より高品質でより低廉な商品の開発に邁進してきた産業と同様、われわれの哲学も概念と問題を西洋からそっくり借りてきた。西洋哲学に全く共感をもたないわけではない。しかし、自らの生活基盤のなかから立ち上げた問題のようなわけにはいかない。その議論は、西洋の哲学者なりその有力な研究者なりの、つまり或る権威の説を引き合いに出すことによって決着する、そういう性質のものなのである。日本文学や日本史の研究者に、このような逃げ場はない。それがかれらの幸福である。哲学においても、自らの内発的な問題を取り上げたなら、同じ状況に身を置くことになるのではないか。現実の後進国的な状況を脱して、真に自分の問題と言えるものをもつためには、先ず、哲学のスタイルを、西洋哲学の「研究」から、自らの経験に関する「思索」へと転換しなければならない。「研究」が無用だ、と言うのではない。上記のわたくしの誇りを支えていたのは、まさに高レベルの「研究」である。

しかし、研究と思索は別のことだ。哲学の、そして勿論美学の本領は、思索にあるはずだ、と言いたいのである。

しかし、この転換は洋服を着替えるようなわけにはいかない。研究と研究に支えられた学問的なディシプリンなしの思索は、哲学とは無縁のものである。しかも、思索を求めるのは、真の意味でわれわれのオリジナルな問題を発見するためであり、そのためには、共同体的な議論を通過することが重要かつ不可欠である。提起されたさまざまの問題のなかから、多くのひとの共感を呼び、議論を惹起したものだけが、真の意味での《われわれの問題》となる。これなくして《日本哲学》はない。時間のかかる企てである。もはや断るまでもないだろう。わたくしの求めるエスニックな哲学は、西洋の古典に代えて日本の古典を研究することではない。現在のわれわれの生活と感受性に立脚して思索する哲学のことである。

これが、本書におけるわたくしの主張の全体である。あとは本文に委ねよう。

その本文は三部に分かれた本体と、プロローグおよびエピローグから構成されている。本体の三部構成は、右に述べてきた全体の主題を分節する三つの問題に対応している。第一は先端的な異文化の移入に代えて哲学が立ち返るべき場所としてのエスニックな基盤である。西洋の流行の哲学を追っているかぎり、哲学は研究以外のかたちを取りえない。哲学が思索というその本来のすがたを取り戻そうとするならば、自らの生活のなかから、自らの歴史を背景として、自らの問いを立てるほかはない。第二は哲学におけるスタイルの問題である。歴史研究と思索の違いは、主題の違いではなく、スタイルの違いである。主題の問題ならば、切り換えはさして難しくはない。スタイルの切り換えは遥かに難しい。哲学においても、スタイルはわれわれの身についた行動様式であり、それが共同体（学界）のレベルにおいて再生産の過程を支配しているからである。従ってこの第二部では、われわれの哲学の営みが現にどのようなものであるかを分析し、また、その変革が何故に困難であるのかを示さなければならない。加えて、困難であってもその変革が可能であることをも明らかにしたいと思う。第三部は、流行の西洋思想とわれわれの思想基盤との距離を考える具体的考察である。それは、西洋思想に対してわたくしの感じてきた違和感の表明であり、日本美学、日本哲学を希求する意思の背景を示すものでもある。より具体的に言うならば、一方において、西洋の先端的思想と見られているものが、その思想史に即して見るならば、決して新しいものではないことを示しつつ、歴史と思索との生きた関係を捉えたい。それは、この生きた関係を見ずに流行だけを取り入れることの浅薄さを示唆したいからである。そして他方では、西洋の藝術史の行き詰まりの状況のなかで、日本的な藝術生活の原理に則って二十一世紀をイメージすることを試みている。これも西洋とわれわれの距離を明るみに出す効果をもつはずである。

要約するならば、第一部はわたしくの主張を提示し、第二部はその主張の実践にかかわる制度的現実に分析を加える。そして第三部はこの主張を結晶させてきた、わたくしのなかでの背景的考察を提示している。この第三部の論考は、藝術に関する創造論という性格をもっているが、その内容は本書の中心テーマである哲学のあり方と本質的に連関している。つまり、わたくしのなかでは、藝術の創造論を哲学上の創造の問題へと敷衍したところに、本書の主張が生まれた、ということなのである。

第二部、第三部には学問的分析の論考が含まれるが、その他の多くはエッセイである。また、第三部は、序論的な短いエッセイ(第4章)を除けば、すべて旧稿である。このほか、巻末に、一九八八年に実施し、一九九一年に英文でその報告を書いたアンケート調査の結果を、付録として収録してある(数字と英単語が多いので、横組みにしてある)。これは美学の基礎概念について、西洋と日本の学者を対象として行った調査で、日本語では初めて発表するものである(英文の報告には重大な誤りがあったことを、今回発見し、勿論、それを修正してある)。その内容は、西洋人よりも日本人にとって興味深いものであるように思う。数字の並んでいるこの種の報告が読みにくいことは承知している。しかし、せめてわたくしの解析の部分だけでも、是非読んでほしい。そこには、特に第二部におけるわたくしの考察(現状認識)に対応する事実が読み取られるからである。

最後に、本書の主題の性質について述べておきたいことが二つある。先ず第一に、哲学に関してこの問題は、繰り返し語られてきたらしい。わたくしの構想に直接刺戟を与えてくれたのは、『哲学雑誌』の《二十一世紀の哲学》という特集号であり、そこにもいかほどか、わたくしの問題意識に通じるものがある。また、最近、古本屋で見つけた『理想』のバックナンバーに、「哲学の現状――世界の中の日本哲学」という鼎談が載っていた(五六三号、一九八〇年四月号。出席者はS・ピッケン、K・リーゼンフーバー、山本信の諸氏)。そのなかのピッケン氏の、日本の哲学者の仕事は、フィロソファーのものというよりもスカラーのものだ、という指摘は、わたくしの現状認識と一致する。哲学史と哲学というふうに言えば、多くのひとが問題意識をもってきたことであろう。しかし、それにもかかわらず、現実の傾向は少しも変わらなかった。それは、学問の共同制作的な次元を見逃したためである、とわたくしは思う。本書は、この点に焦点を絞っている。

もう一つは、この問題がわれわれの文化全般にわたる普遍性をもっているはずだ、ということである。本書においてわたくしが日本におけるアカデミックな哲学の傾向として捉えていることは、日本の美術に於ける前衛の特徴として、高階秀爾氏がつとに指摘されたところと符合する。氏によれば、「わが国においては、前衛運動ですら、学ぶべき模範としてもたらされた」。そしてその結果として生まれたのは、「前衛のアカデミズム化」という倒錯した事態である（「現代日本における《前衛》の意味」、一九六六年）。この「前衛運動」を哲学に置き換え、その「アカデミズム化」を「研究（もしくは学問）への還元」と読みなおしてみれば、状況が一つであることが判る。それは当然のことでもあろう。何故ならば、いずれも世界の文明の状況のなかでのわれわれの位置に根ざすことだからである。わたくしは、美学において、或いは哲学において、輸入型、後進国型の方式を、創造型に変革したいと願っている。そのためには、哲学のスタイルが、つまりは学界全体の常識が改革されなければならない、ということを認識している。この変革だけでも容易なことではない。それがさらに、われわれの文化の全体的な状況に根ざしているのならば、なおさらである。本書の提起する問題の射程は長いと同時に、その実現には深甚な困難を伴う。それはわれわれの現在の文化状況そのものの困難さであろう。その状況のなかに、わたくしは一石を投じたいと思う。

目次

目　次

プロローグ　鎖国のすすめ　――一九八八年夏――

このエッセイは、かつて引用について書いた論考（本書の5）の一部に組み込まれていたものである。そこには、わたくしのなかでの、エスニックな哲学を模索する意識の目覚めが記されている。

レトリックに対して、好悪あい半ばする曖昧な気持が、わたくしの中にある。曖昧と言っても、好きでありかつ嫌いという意味であって、それぞれの好きと嫌いははっきりしている。レトリカルな言葉が大好きなのに、或る種のレトリックには激しい不快感を覚える。引用という隠喩もその一つだ。使っているうちに、自分までだまされかねないような、不明瞭さがいやなのである。

引用という現象そのものの中に、自己増殖して不分明な領域へと広がろうとする傾向があるのかもしれない。何を言ってみても、その言葉は、いつかどこかで既に誰かが言ったようなものでしかありえない、と考える人びとがいる（古典学者の中に多いように思われる）。その言い分が正しいとすれば、過剰な知識の持主や神のような全知の存在には、一切のものが「引用」と見えてくるかもしれない。極端に走るならば、一切のものが一切のものの引用と見做される可能性さえあろう。そうなると、何かを引用であると指摘しても、それは何も言わないに等しい。しかも気に入らないのは、これが外国産の隠喩の借用（あるいは「引用」）であるらしきことだ。隠喩の借用はほめられない。術語であっても、隠喩ならば自前でやってもらいたい。

　では何故、嫌いな概念を課題として与えられ、編集者の熱意に押されて、ついには引き受けてしまったのか。一つには、或る種の後ろめたさがある。実は、自分でもこの隠喩を用いたことがある（『作品の哲学』第二章の4、第六章の3）からである。嫌いだと思いつつ、或る用語を使う、というこの曖昧な態度にけりをつけるには、正面切ってその概念を吟味するより他はあるまい。

　しかし、それだけではない。引用という概念も、それに対するわたくしの曖昧な態度も、ひょっとすると、美学の学徒としてのわたくし自身にとっての現実を、最もよく映し出している鏡の一つなのではあるまいか。それはむしろ、求めて論ずべき主題となるのではないか。近頃しきりと、自分にとっての現実ということを考えさせられる。月並な表象だが、われわれはいま、一つの十字路に立っている、東と西を結ぶ地理の軸と、近代と脱近代とを結ぶ歴史の軸との交叉点に。引用がいわゆるポストモダンをめぐる議論のなかで好んで語られる話題であることは、よく知られている。また、西洋の隠喩の借用もそれに対する嫌悪感も、西と東のはざまに生きるわれわれの状況そのものである。西洋文化は、もはや、われわれにとって他者ではない。完全にわれわれ自身であるわけでもないが、純粋な他者ではない。だから、西洋文化の現代史は、われわれにとっての問題でもあり、分野によっては彼我の境が不分明になっているところもある。この渦中にいて、われわれは、自らのアイデンティティを問わざるを得ないように思われる。それは、自らの過去をふりかえって、どこかに風変りなもの《フォークロア》を見つけければよい、というようなものではなく、どうやって自らの明日を切り拓くかに関わることだからである。

確かに、この一、二年、わたくし自身の中で、何かが大きく変化しつつある。理論上の発見をしたとか、これまでとは異なる大きな課題を、見つけた、というようなことではない。学問を仕事として選んだわたくしの生き方に、つまり学問的生活に関わるような変化である。賢明なる人びとが、とうの昔に認識していたことを、遅ればせに気づき始めた、ということなのかもしれない。ただ、わたくし自身の自覚では、自らの学問の動向を介して、時代の変化を意識しはじめたのだと思っている。わたくしという窓がいかに小さな窓であろうとも、その窓を通して、広い世界の像が徐々に鮮明に見えはじめたもの、と理解している。

*

南の海岸からは避暑客が去り、残暑のなかで首都が忙しく働いているとき、北国では今も昔と変らずに、夏の名残りのバラが冷気にふるえ、朝夕には暖炉に火が燃やされはじめる、そんな頃だった。英国中部の地方都市の、郊外の大学キャンパスの、そのまた一隅で、世界中の美学者三〇〇人が集って、四年に一度の会議が開かれた。世の人びとはそのことを知らなかったし、その町の市民さえ、それを知らずにいたに相違ない。

こう書きながら、わたくしは、はじめて国際会議に参加したときに経験した小さな疑問符のことを、思い起こしている。一九七三年夏、機会に恵まれてフランスに留学し、フランス語の研修を受けていたわたくしは、恩師今道友信先生のお勧めもあって、国際哲学会議に出掛けた（哲学会議は美学会議よりも、ずっと大きなイヴェントである）。そもそも出不精のわたくしが、一念発起して留学生試験に挑戦したのは、西洋学を志した以上、その「本場」で通用するようにならなければならないと、聞かされもしたし、また自分でも素直にそう思ってもいたからである。世界中の主立った哲学者たちが一堂に会する会議には、参加する価値がある。

さて、疑問符は、会議が終ってフランスに帰ってからやってきた。専門の研究のために入学することになっていたエクス・アン・プロヴァンスの大学に移り、指導教官に定められていたジャン・ドプラン先生にお目にかかったとき、小さな異化を経験したのである。先生はこの国際的な出来事を御存じないらしい。それもどうやら、ドプラン先生に限ったことではないようだ。「ムッシューAはいらしてたことでしょう。あの人は実業家のようなひとだから」。

国際会議がいかなるものであるかは、二、三度参加してみれば判る。しかしドプラン先生の皮肉の背景を、つまり国際会議が西欧の学者にとっていかなるものであるのかを、虚心に認識するには、わたくしの中の憑きもののような思いが落ちねばならず、そのためには一五年以上の年月が必要だったらしい。この憑きもののような思いは、わたくしひとりのものではなかったろう。この点に関してわたくしは、大勢の日本人のなかのひとりにすぎなかった、と思う。学者に限ったことではない。どのような仕事のひとであれ、日本人はみな、そうであったろう。われわれは西欧文明を取り入れた。そして誰もが、その土俵の上で、先人たちに追いつき、追いこそうとしてきたではないか。それがわれわれの生の躍動《エラン・ヴィタール》であり、われわれの力への意志であったたし、今もそうであるように思われる。

このことは言い換えるなら、西欧を標的とする競争心が、われわれの生存意欲を支え、われわれの勤労意欲を盛りあげてきた、ということだ。このような憑きものを喪って、どうなるというのか。その先に待ちうけているのは、無気力と惰性の時間ではないのか。そもそも、何であれ困難をのり越えようとすることこそ、創造性のかなめであり、この志向性こそ人類を直立させ文明化してきた原動力ではないか。

確かにわたくしは、或る種の幻滅を経験した。虚像の背後をのぞいてしまった。だが、それで無気力になったわけでもなければ、意欲を喪ったわけでもない。わたくしのこの経験を説明するために、もう少しまわり道をしたい。

わたくしが虚像と見做したもの、それは、学問のオリンピックとしての国際学会である（奇しくも、国際美学会議はオリンピックと同じ年に開催される）。言い換えれば、権威のランク付けの機関として、或いは自らの「偏差値」を知る機会として、国際会議を性格づけようとする考え方である。本年度の美学会議における金メダルは誰それ、銀メダルは……と言ってしまえば、身も蓋もない。このような意識を持っている人は、あるとしても例外であろう。しかし国際会議に権威をみとめる人は、大なり小なり、オリンピックのようなものとしてそれを捉えている、と言ってよい。組織の中での「名誉」を求めて動きまわる人からはじまって、若い日のわたくし自身のように、「本場で通用する」ことの標を国際会議に求める者まで、多彩な層の人びとが、この臆見を分ちあっている。自然な錯覚と言うべきかもしれない。例えば日本代表は、国際組織の中に入れば、数十カ国の代表の中の一人にすぎなくなる。このはめ込み細工の原理、あるいは包摂の論理が、国際会議を権威づける。

オリンピックを引き合いに出すのは、勿論、偶然ではない。近代オリンピックは、個人の力を顕揚する創造性のイデオロギーを象徴する、世界的行事だ（「国の力」と言い換えてみても、実質は殆ど変らない）。だが、国際競技会の数が著しく増加した今日、オリンピックの「権威」に対する素朴な疑問が生じてこないだろうか。瀬古のように、大きな大会で何度も優勝しながら、オリンピックでは勝てなかった選手がいる。かれの力はどのように量られるのか。ことある毎に、人びとはオリンピックのメダルの重さを語り、それを自明であるかのように聞く。だが、その重さは何に基づくものなのか。真の実力者たちが一堂に会するがゆえのことか。それだけに、そこで勝つことが難しく、その難しさの分だけ、そこでの勝利には価値があるということなのか。だが、右にも指摘したように、勝負の難しさというだけのことならば、オリンピック以上の国際競技会もあるに相違ない。それでも、そのような競技会は、オリンピック出場の足がかり、というのが、多くの選手の意識であるように思われる。何がかれらをそれほどまでに、オリンピックに執着させるのか。それがひのき舞台であり、そこに出場することは選手にとって名誉だからだ、と人びとは答えるであろう。では、さらに問おう。名誉とは何か、何に基づくものなのか。

選手ならば、このような詮索癖を笑って、オリンピックに参加した者でなければ判らないさ、と言うことだろう。その通りに相違ない。そのことは言い換えれば、この名誉なるものが、かれら自身の確信に、そして世間の人びとが共有しているものとかれらが確信している「価値への確信」に基づいている、ということである。その確信を保証しているもの、すなわちオリンピックの名誉の物証とも言うべきもの、それは、世界中の新聞の一面を飾る、写真入りのトップ記事や、同時中継されて高視聴率をあげるテレビ放送を措いてほかにはあるまい。これはすなわち、まなざしの多数決である。まなざしのなかの存在。これは実体を捨てて関係にすがることである。危険な選択ではなかろうか。オリンピックの名誉とは、端的な虚像ではないのか。

視点を地理から歴史へと切り換えてみよう。「まなざしのなかの存在」は、わたくしにグレン・グールドを思い起こさせる。自己の人格的実体をエレクトロニクスの信号へと還元してしまったこの天才は、モダニズムの最もラディカルな像そのものだ。特に音楽と聴き手とに対するかれの態度のなかに、近代という時代の象徴的な矛盾が見られるように思われる。ちなみに、思想家グールドにわたくしが開眼したのも、英国での会議においてのことだった（G・ゲルタン「グレン・グールド――テクノロジーに基づく音楽の新しい定義」）。

コンサート・ホールを捨てて録音スタジオに引きこもることを決断したとき、グレン・グールドを導いていたものは、音楽を徹底して創造と見る哲学であり、それをかれはシェーンベルクより学びとった。

〈音楽は娯楽ではない〉。

〈いつも精神の最も高い領域において活動を展開している哲学者や音楽家は、「みんなのための藝術」というようなスローガンを満足させるべく、通俗的な作品を生み出すほどに身をおとしてはなるまい〉（シェーンベルク）。

高踏的で孤高の創造性。これはまぎれもなく、正統ロマン主義の理念である。モダニズムは、このロマン主義をうけつぎつつ、一層自覚の明晰性を高め、創造性を純化、抽象化した。作品は文脈から切りはなされて、季節にも場所にも気分にも機会にも左右されない、絶対的世界になろうとした。音楽家が創造性に徹しようとするとき、先ず邪魔になるのは、娯楽を求める聴衆である。聴衆を満足させるために演奏者は、論理を捨ててレトリックを駆使し、「血なまぐさいスポーツ」に専心しなければならない。音楽とはそのようなものではない。その本質は、どこまでも作品の「構造、形式的構成」にある。この「論理的に構造化された形」として楽曲を作ることが作曲家の創造性ならば、その構造を分析して際立たせることが演奏家の創造性であり、その構造を認識することが聴き手の創造性である。

グールドの決断が一方において、この構造をめぐる演奏者の創造性という理念に根差していることは、言うまでもない。完璧な計算、隅々にまでゆきわたった自覚に基づく制御、逆に言えば、偶然的な要素や即興性を厳しく排除すること、そのための好都合な場所が録音スタジオであることは、容易に理解できる。しかしそれと同時に、グールドは聴き手に対しても創造性を要求していた。「大切なことは音楽とのふれあいであり」、従って「音楽は個として聴かれるべきものである」というのだ。たしかにかくして、創造性の美学がグールドに「遠くからのコミュニケーション」を選ばせた。たしかにかれは、このコミュニケーションが一つのパラドックスをはらんでいることを、十分に承知していた。〈理論上はかつてないほど大勢の聴き手をつかむことのできるこの音楽は、実際は、個人的になされる無数の聴取に到る〉。

つまり、テクノロジーが聴衆の数を増加させるのと同時に聴き手の一人ひとりは孤独になる、ということだ。しかし、これはグールドにとって少しも悲しむべきことではない。音楽は「個として聴く」べきものだからである。その上、オーディオ器機による「電子的な変更」によって、聴き手は創造的可能性を手に入れる、とまでグールドは考えたが、これは勿論、世間知らずの主張である。その思想と行動の根幹はあくまでも、個の創造性という理念にある。

グールドは音楽において、「自我と他我との結合」ではなく、「自我と音楽の内面との結合」を求めた。これは、わたくしが十八世紀の美学の中に見出した「共生」の理念と似て、全く非なるものである。十八世紀の人びとは、孤独と自己本位の考えを乗り越えるために、共生としての藝術体験を求めた。それにひきかえグールドは、創造性を密室の中の孤独な営みとして性格づけている。一方は我執を捨てようとするのに対して、他方は人を消去しようとする。人は無数の聴覚像となって解体する。

グールドの美学は、電話にまつわるかれ自身の逸話を思い起こさせる。この「外界との電気的接触を保った隠遁生活」を送った天才は、「人の考えの本質的な部分やその人となりを理解するには、電話を使った方がうまくいくと主張していた。グールドには、これまで一度も会ったことのない友だちが世界中にいた。彼の毎月の電話料金請求書の額面は四桁を数えた」(ティム・ペイジ、『グレン・グールド』宮澤淳一訳、WAVE編)。このようなグールドの存在は、カフカの『城』の住人を思わせる。このエレクトロニクスのユートピアは、どこか懐しい近代のおとぎ話である。近代のきわみがここにある。

こう考えてくると、オリンピックの別の側面が見えてくる。競合ではなく集合の側面である。新聞や電波の情報へと稀薄化する以前に、集いあう人びとがいる。それは、ルソーが夢みた、宗教を越えた人びとの祭りだ。〇・〇一秒の差異を競う選手たちの闘争心は、かれらをつつむこの人びとの輪がなければ、救いようのないものではないか。電話線だけによって結ばれた二つの心の間にあるのは、冷たいコミュニケーションである。「電話の方が相手の人となりがよく判る」というグールドの主張は、一理ある。距離が判断を冷静にする。それは値ぶみの正確さである。

グールドのおとぎ話は、わたくしに文明と文化の関係を考えさせる。この区別の難しい二つの概念の間に、これまでわたくしがおぼろげに認めてきた違いは、文明が特に物質上の進歩に関わり、文化は精神的精華に関わる、というものである。建設や電化、モータリゼーションは文明の現象であり、哲学や藝術は文化を構成する。この考え方に従って、現在のわれわれの状況の見取図を描くならば、それは、急速に進歩した文明に文化が追いつかない、ということになろう。このような見方に、わたくしは疑問をもちはじめている。

文化を意味するcultureの原義が「耕す」ことにある以上、それが先ず個人の陶冶を指すことは当然であり、この同じ西洋語が「教養」を意味することにもなるわけである。このように考えれば、人間の創造性は文化の原理である。だが、現代の問題は、創造性の過小ではなく、その過剰にある。そこで考えるべきは文明の方である。文明を意味するcivilizationの原義は何か。それは、野蛮な風儀を捨てて、都市の市民（civis）になることだ。言い換えばそれは、敵対的な闘争心を抑えて、融和の心を身につけることである。都市が物質文明の場所であることは、間違いない。しかしそれは、派生効果であって、事柄の根源ではない。物質文明を造り上げるのは、科学者の発明であり、創造的な文化である。しかしその文化を支えているのは、原初的な文明、すなわち、友情と自由である。この概念に従えば、現代の真の問題は、文明の忘却にこそ求められるであろう。

わたくしが考えていたのは、学問の国際会議のことだった。国際的な集まりを権威づける意識の根底をさぐって、話題はオリンピックからグレン・グールドに及んだ。そして、このいささか夢想めいた散策のなかで、わたくしの立ち到った認識は、遠くの、顔さえ知らぬ人びとの意識に投影された像を数えあげることの虚しさである。そしてフィールドやトラックではなく、観客席にこそ目を向けなければならない、と思われたのであった。わたくしに特に反省を促したのは、アメリカの学者たちである。アメリカの美学や哲学は、所詮、亜流である、とか、アメリカの学者たちは、論文の数を増やすために、問題意識の稀薄な論文を生産している、といった先入見をわたくしも分ちもっていた。しかし、どのような事柄にも表と裏があり、長所は短所ともなり、短所も見方を変えれば長所となる。アメリカ人たちの論文生産の最大の秘訣、それは、仲間の提起した問題に批判を加え、それを論文に仕立てることである。しかも、かれらの中には、国際会議においても、同じやり方を貫くひともいる。アメリカの問題は世界の問題、というわけである。その傍若無人さが、わたくしには新鮮に映り、わが身をふり返らせる機縁となった。

われわれは、常に外を見やり、今ヨーロッパで、アメリカで、何が問題になっているかを気遣っている。そうでなければ、伝統の差異に寄りかかっての自己主張を展開しようとする。しかもこの二つの態度が、いとも簡単に切り換えられる。人畜無害な学問の場合には、さしたる問題にはなるまいが、この身軽さは、実は恐ろしいことではないか。国家としての近代日本の示してきた態度の中に、それが見られるのは周知のことだ。西洋近代がわれわれの文化でもある現在、単純な伝統回帰などありえない。だが、それと同時に、パリやロンドン、あるいはニューヨーク、フランクフルトのニュースばかりを気遣っているのは情けない。アメリカの美学者たちは自分たちの問題をもっているが、われわれにはそれがない。アメリカの美学には独自の歴史があるが、われわれのいまの美学にはクロノロジーしかない。「われわれの問題」は、一種の内発的な多数決によって立てられてくるものだ。多く声の協和が、自らに時代の声を浮び上らせるのである。それなのにわれわれは、隣人の声に耳をふさぐようにして、長距離電話にしがみついている。

共同制作の哲学、あるいは共同創作の美学とでも呼ぶべきものがある。真に歴史に根差した思想は、どれも、いかほどか共同創作である。歴史とは、本質的に共同創作の所産だからである。アメリカの学者たちは、同僚の論文に対して直ぐに批判の声をあげ、それに対してもとの著者が反応を返す。そのやりとりが他の多くの人びとの関心をひき、論争の輪が広がってゆくならば、そこに共有された問題が形成されてくる。その輪が広がらないような問題は、自らに消えてゆく。このようにしてできてゆく「下から」の歴史がある。生きた歴史である。

真に自前の問題をもち、真の歴史の次元に達するためには、長距離電話の受話器をおかなければならない。いかにかそけくとも、周囲の肉声に耳を傾け、その声に応えることがどうしても必要だ。そのためのドラスティックな方策として、学問的鎖国を考えよう。われわれの内に染み込んだ西洋哲学の諸概念を捨てる、というようなことが問題なのではない。それはわれわれの貴重な資産である。また、勿論、諸外国の思想の研究をやめようというのでもない。だが、近くにある小さな声を聞きわけるためには、声高に語る遠くの声をひとまず遮断するより他に、どのような手立てがあろう。

この考えは一気の筋道として出来てきたものではない。この思いを固める上で、実は更に二つの小さな経験が関与していた。第一は、小著『作品の哲学』の中国語訳を試みられた訳者から、序文を求められたことである。わたくしの研究室にいる中国人留学生の助けを借りて、何度か手紙を交換し、訳者も篤実な学者と思われたので、この求めに応ずることにした。だが、その序文を書くのには苦労した。同じく留学生たちの意見を求めつつ二度三度と推稿を加えた。この序文の中では何よりも、わたくしの著作が西洋美学を準拠枠としていることについて、説明する必要があると考えた。西洋学を志す東洋人の弁明である。あるいはこのような弁明は、中国の訳者や読者には無用のことであったのかもしれないが、わたくし自身には避けることのできない話題と思われた。その弁明の柱は二つある。一つは西洋の概念体系のもつ思想の道具としての普遍性、有効性であり、もう一つは、この著作の主題が、わたくし自身の聴き取ったつもりのものである、ということにある。学者もまた、藝術家と同じように、時代の声を捉える受信機である。性能のよい受信機だけが真の思想を展開しうる、とわたくしは書いた。勿論、それを判定するのは読者である。いま、前著に関してわたくしに反省すべき点があるとすると、それは、専門家たちの議論にばかり耳を傾けすぎたかもしれない、という点である。

もう一つの経験は、或る国の美学会から、シンポジウムへ出席し、日本の美学の現状について報告をするように、という招請をうけたことである。旅費が保証されていたから魅力ある誘いだったが、その任にあらずと考えて断った。この招待は、英国での国際会議の際に、誰かから問われて当惑した一つの質問をわたくしに思い起こさせていた。それは、「今、日本の美学界では何が問題になっているのか」という問いである。歴史をもたないわれわれに、「現在問題になっていること」など存在しない。共有の歴史を生きていないから、日本の現代美学史に対する問題意識もない。だが、共有の歴史を持たずにきたこともまた、一つの歴史のあり方である。しかるべき状況があって、そのような事態が生じてきたと考えなければなるまい。その状況ぐるみで先人たちの、そして周囲の仲間たちの仕事を理解することが、われわれには不可欠である。その課題をひきうけなければ、異文化の同僚たちの、至極当然な右の問いに対しては答えられない、わたくしはそう思った。真に国を開き、文化を開くために、真に異文化の人びととのコミュニケーションをうるために、一度、学問的な鎖国を行わなければならない、いまわたくしは、半ば以上本気でそう考えている。

I　下からの哲学

1　哲学はエスニックであるべきか、またありうるか

一九四八年、一九五八年、あるいは一九六八年のアメリカ人が——尾翼スタイルの車やチャック・ベリー、何百万と売れるバーガーの現実のなかで——われわれは本当にダーク・ブラウンの不安を経験しようとするのだと主張することは、嘘である、音楽的な嘘である。こうした連中は音楽的嘘つきであり、かれらの作品はそんな値打ちもない。

——スティーヴ・ライヒ

表題のような問いを立てるということ自体が、わたくしがこれを積極的に肯定し主張しようとしていることを示唆している。本書の主題にとって、これが最初に提起すべき問いであることは言うまでもない。わたくしが持ちたいと熟望している《日本哲学》とは、何よりもまずわれわれにとってエスニックな哲学である。エスニックという概念でわたくしが考えているのは、異国趣味が好んで求めるような風変わりな習俗のことではない。われわれにとって最も当たり前で、最も普通の生き方、考え方、自覚以前に生きているがゆえに、かえって気づかれないような現実のことであり、エスニックな哲学とは、そのような現実に即した哲学のことである。

これを歴史的現実と呼んでもよいし、文化と呼ぶひともいるだろう。歴史的現実とは、歴史的なコンテクストのなかで形成されてきた今の現実、ということで、これはわたくしが考えていることに相

当近い。しかし、その歴史的な現実のなかでも、特に基底的な層に注目したいと思っている。だから、文化とか現代文化というような概念とは別のことが問題なのだ、と言っておくことが賢明だろう。文化と言えば、現実のなかの上澄みのことが考えられがちである。わたくしは、少なくとも哲学において、われわれの文化が上澄みのものであることを批判したいと考えているのである。

現在のわれわれがもっている哲学の基調は、エスニックであるには程遠く、それとは正反対の国際主義、もしくは異文化主義とでも呼ぶべきものである。われわれの周囲には、世界中の、とりわけ近代文明を支配しリードしてきた西欧の哲学が集められている。何の限定もなしに哲学とか哲学研究と言えば、十中八九までは西洋哲学のことを指している。勿論、この国際主義は文化的な成果である。だがエスニックな基盤を忘れた文化は、根無し草の文化である。われわれは誰しも、この現実と学問とのギャップを認識し、それについて口ごもるような気持ちをもっている。今や、それを直視すべきであろう。

われわれのこの嘆かわしい国際主義の対極にあるものとして、そしてわれわれが見習うべきものとしてわたくしが考えているのは、アメリカの哲学である。より具体的に言うならば、アメリカ哲学の流儀としてのローカリズムである。問題なのは、学説としてのアメリカ哲学ではない。分析哲学を学ぶべきだとか、その学説をわれわれの哲学の基礎とすべきである、というようなことを言っているのではない。アメリカの哲学者たちが実践している哲学の営み、そのスタイルが問題なのである。エスニックな哲学とは主題ではなくスタイルの問題である。わたくしは、西洋哲学の研究をやめて日本の古典的な思想を研究すべきであるとか、「やまとごころ」に立ち返るべきだなどと言いたいわけではない。あくまでも、いまわれわれの生きている現実を基盤として、そこから哲学を立ち上げたいのである。この観点から見るとき、アメリカの哲学者たちのスタイルは模範になりうる。かれらのローカリズムにも、固有の問題があろう。かれらの場合には、国際主義の欠如がわれわれとは正反対の課題を作りだしているかもしれない。しかし、それはかれらの問題である。ここでは、一般に正しいと言えるような哲学の流儀を考えようとしているのではない。あくまでも、われわれにとっての、現在の、しかも火急の課題として、表層的国際主義の克服と、エスニックな基層への回帰を考えたい。

この問題提起は、わたくしのこれまでの研究生活のなかで培われ、徐々に形成されてきたものである。だから、ここでも単なる個人的な打ち明け話の形を守りたい。アメリカのローカリズムもまた、わたくしの経験のなかの一こまである。

1　西洋哲学への違和感の思い出

わたくしは一九六一年に大学に入学し、まずフランス文学を専攻した。その頃、演劇に、とりわけ現代のフランス演劇に熱中していたからである。やがて、自分の関心が、演劇のなかでも、個々の戯曲よりも、特にその哲学的な面に（例えば、空間、時間、演劇の言語、コミュニケーション、美的効果など）向けられていることを認識し、藝術哲学としての美学に転向した。フランス文学から美学への主題の変更は、少なくとも初学者においてはさして難しいものではなかった。わが国では、美学を含む哲学は、基本的に西洋学だったからである。その性格は、勿論、いまも変わらない。

西洋演劇や西洋文学、さらには西洋哲学への傾倒など、西洋文化への憧れは、わたくしの世代のごく一般的で優勢な傾向だった、と思う。国文学や国史を専攻する友人は、特殊な趣味を持っていると見えたものだし、中国の文学や哲学、東洋史などを選ぶひとは、相当な変人だとさえ思われた。勿論、それが軽薄かつ軽率な見方だったことは、いまではよく分かる。だが、少し長い目で見てみると、西洋への傾斜は、百年前の開国以来、われわれの文化の基本的な特徴である。わたくしが学び、いまその教職にある大学に、美学の独立した研究室（と実質的な学科）が存在するという事実が、この基調を何よりも雄弁に物語っている。模倣者は、ある面では、モデル以上に過激になろうとする。わたくしの大学の哲学に関連する研究室は、狭義における哲学と倫理学、そして美学に分かれている。これは十九世紀、つまり大学のこの組織を定めた時期における「現代」のドイツ哲学の構成がそのまま制度化されたものだ。しかし、ドイツはもとより、西洋のいかなる国の大学でも、倫理学や美学は哲学のなかに含まれているだけで、制度的に独立した部門をもっているわけではない。日本の組織は西欧以上に西欧的である。

第二次世界大戦の時期に、思想が国粋主義に傾斜したときでさえ、ドイツ哲学へのこの志向は殆ど揺るがなかったように思われる。そして終戦後も、哲学に関する限り、革命的な変化などなしに、明治以来のこの傾向が継続されて、アカデミックな世界を支配していた。最も正統的な哲学は、昔もカント哲学だったし、今もカント哲学である、というわけだ。このような傾向は、一九六〇年頃の事実であるに止まらず、いまでもかなりの程度まで妥当するだろう。ドイツ以外のフランス語圏や英語圏において、カントの再発見が喧伝されても、カントに傾倒しつづけてきた日本の哲学にとっては、それは再発見すべきものではなかった。また、ドイツの若い哲学者たちがフランス哲学や分析哲学を学び、ドイツ語を捨てて英語で論文を発表するようになっても、日本の哲学者たちがドイツ哲学とドイツ語を支えている、というほどなのだ。

そのような美学を志して、わたくしはデカルトを研究対象に選んだ。わたくしの先輩たちが殆どドイツの美学を専攻していたことに較べれば、この選択に斬新なところがなかったわけではないが、或る狭い範囲での選択だったことに変わりはない。例えば、同じ西洋の美学であっても、アメリカ美学は殆どわたくしの視野のなかになかった。一度大学のキャンパスの外に出れば、アメリカのポップ・カルチャーは広く深く浸透していた。チューイング・ガムに始まった「アメリカ」文化は、ジーンズやコカ・コーラとともに、当たり前のものとなるほどにわれわれの生活に同化していた。そして、若者たちのヒーロー、アイドルとなったのは、ジェームズ・ディーンでありエルヴィス・プレスリー、そしてマリリン・モンローだった。しかし、このようなわれわれの現実に対して、われわれの哲学は無関心だった。アメリカ文化はこのように身近なものを作りだすことはできても、哲学のように高度に創造的な分野に見るべきものはない。文化地図を考えるのであれば、映画を考えるのがよい。ハリウッド映画は大衆を喜ばせるだけのキッチュに過ぎず、真の藝術的な作品はイタリアやフランスの映画にこそ見られる。たとい口に出してこう言われることはなくとも、これが公式の、あるいは標準的な見解だったのではないか。少なくともわたくしはそのように理解していた。

わたくしが教育を通して身につけた西洋への傾倒の態度のなかには、新しい要素があったに違いない。ユマニスム（人文主義）的な学問観である。渡辺一夫を中心とするユマニスムの主張には、明らかに、終わった戦争についての反省に基づくイデオロギー的な意味合いが含まれていた。古典研究を通しての超歴史的な人間的価値の学習を強調し、現実から一定の距離をとることを教えるユマニスムは、アカデミズムにとって、日々の糧となるべき無害にして有益な思想と思われたはずである。距離をとるべき現実として、ファシスト的な国粋主義を想定して見れば、ユマニスムの正しさは自明のものと見えたことであろう。共産主義のようなどぎついイデオロギーに較べれば、ユマニスムは殆どイデオロギーとは見られなかった。中国や日本にも古典研究の長い伝統がある。それにもかかわらず、この古典研究の意義を理論化したのは、西洋のユマニスムだけだった。この事実は、西洋の古典哲学の研究を奨励する効果を伴ったように思われる。

このような風土のなかで、わたくしは西洋美学を研究対象として選び、そのことに少しの疑念も覚えなかった。だが実は、西洋哲学に対して或る居心地の悪さを感じていたように思う。大学に入った頃は、実存主義の流行の末期に当たる時期だった。若者が西欧諸国の現代哲学に強い関心を寄せるのは、その頃も今も変わらない（その限りでは、古典の意義を強調するユマニスムは若者には抹香臭い教説である）。そこで、実存哲学は「われわれの」哲学でもあった。（実存哲学に関しては、事情はずっと複雑なのではないか、といまわたくしは考えている。つまり、それは単に西洋から移入された思想というようなものではなく、これに相応するものがわが国の伝統的な道徳思想のなかにあり、そのために容易にかつ強く同化されたのではないか、ということである。しかし、それは別の事柄である）。しかし、わたくし自身は、この新しい哲学がとんと理解できなかった。思い出すのは、友人たちとのおしゃべりのなかで受けたショックである。知的に早熟な友人がいて、不条理とはなにかを教えてくれた。かれによれば、不条理とは風呂桶のなかで釣りをするようなものだ、と言うのである。わたくしを啞然とさせたのは、それに同調して相槌を打つ友人がいたことである。わたくしは勿論、自らの不明を、そして説明されても理解することのできない無能さを、恥じる以外にすべはなかった。

この小さな出来事をわたくしが忘れずにいるのは、おそらく、それが西洋哲学に対する違和感を表しているからだと思う。三十年ほどが経った今、わたくしの「不条理」についての理解はより深まった、と言えるだろうか。わたくし自身が答えるとすれば、イエスでもありノーでもある。この概念の唱動者だったA・カミュの著作のなかで言えば、不条理を『ペスト』の医師リューの行為に照らして解釈するのであれば、わたくしはこれを理解しているだけでなく、共感しているとさえ言える。しかし、多くの場合に引き合いに出されるように、これを『異邦人』のムルソーの考えや行動を表現するものと見るべきであるならば、わたくしは不条理という概念を理解しているとは言えない。わたくしには、無感動に殺人を犯し、そのあとも無感動のままでいるムルソーの感情や考え方のどこが面白く、何故にそれが哲学的な問題となるのかが分からないのである。不条理の概念に関して、この理解の欠如は決定的なものだと思う。おそらく、カミュとわたくしの間にある違いは、神に対する態度に収斂するものであろう。わたくしはカミュと同じく無神論者である。しかし、同じ無神論とは言っても、そこに決定的な違いがある。カミュは、正統的な思想に支えられ、また正統思想を支えてきた神の存在を否定しているのに対して、わたくしは単に神の観念ぬきに生活しているに過ぎないのである。わたくしに超越の意識もしくは感覚が全くない、というわけではない。特に自然について、わたくしは西洋人たちが一般にもたないほど強い超越感覚をもっている。自然は人間の操作できる対象ではなく、われわれを包み込む巨大な包越者である。しかし、この超越者の感覚は、キリスト教的な人格神とは殆ど何の関係もない。わたくしにとってのこの超越者は、わたくしの存在の父でもなければ支配者でもない。それでも、この超越者の感覚があるために、わたくしは自分が陥りがちな傲慢への傾向を克服すべきことを、そして自らの生命が与えられた恵み（誰から、ということは問う必要がない）と見るべきことを、大切なことと考えている。だから、わたくしは、「極限状況」のなかで黙々と自らのなすべき仕事に献身するリュー医師の態度に共感する。ところが、ムルソーの生活観のなかに意味（意義ではない）を見いだすためには、二十世紀中葉の西洋人にとってのキリスト教の状況に、これを結びつけることが必要である。ムルソーの無感動に対して反応するための、この宗教的かつ哲学的な背景が、わたくしには欠けている。つまり、わたくしはカミュの哲学の外にいたのである。

不条理に関するこの解釈がいかほどか妥当な所を含んでいるとすれば、それは三十年間のわたくしの西洋哲学の研究の成果である。わたくしが、この間、西洋哲学の研究を続けてくることができたのは、随所に共感する考えを見いだしたからである。この点について、疑う余地はない。だが、少しの違和感も覚えることなしに、西洋諸国の新しい哲学説を追いつづけている多くの同僚諸氏の態度には、驚嘆と懐疑の念を覚えずにはいられない。性格的にわたくし自身が流行に疎い、ということはあるだろう。それでも、新しい思想について、多くの場合、右に述べたような意味において、わたくしはそれを理解できないのである。この意味において理解できないということは、哲学上の問題意識を共有できないということであり、これは決定的なことのように思われる。この問題意識の不一致は、生活世界に起因するというのとは異質なものであるに相違ない。何故ならば、現代の世界は、いたるところで同一の問題を突きつけているのではないか。地球の温暖化や大気汚染、遺伝子の制御をふくむ生命倫理の問題など、そして藝術においてもメディアの単一化の傾向などがそれである。同じ課題を提起する世界に住みながら、他の哲学者たちの問題意識を共有できないとすれば、かれかわたくしのいずれかが、あるいは両者が、十分にエスニックな基盤からものを考えていないか、さもなければ、別の哲学のスタイルに立脚しているかに相違ない。このことは、既に、問題の根深さを暗示している。

2　足元への啓示

このようにしてわたくしは、若かった頃の文化的雰囲気のなかで西洋美学の研究を志向し、ユマニスムの精神による教育を受けた。わたくしの受けたこのユマニスムの教育は、特に西洋の方を向いた国際主義を助長したはずである。エスニックな哲学を主張しようとするいまの時点においてもなお、わたくしは異文化に向かって開いた広い視野を重要なものと思っているし、或る限度において異文化を理解する可能性を確信している。そしてこのことが、継続している西洋美学思想の研究と、世界各地に散らばる学問上の友人たちとの交遊とを支えている。しかし、無批判に国際的な流行の哲学を追いつづける動向に対する嫌悪感は、年々強くなるばかりである。それがわれわれの状況や問題に対する回答として提出された学説ではない、ということを感じないのは、知的な怠惰だと思う。

国際的に評判の高い哲学が、われわれにとって異質なものであるという意識を、わたくしは少しずつ深めてきた。四年に一度（現在では三年に一度）開かれる国際美学会議は、わたくしにとって、この意識をうるためのよい学校だった。プロローグでも指摘したように、或るときわたくしは、いま日本において最も関心の高い問題は何か、という質問を受けた。それはおそらく、「奥さんはお元気？」とか、「今日は本当に暑いね」というのとあまり変わらない日常的なあいさつだったに相違ない。これに答えようとして口ごもりつつ、わたくしははっきりと理解した。われわれ日本の美学において、あるいは哲学全般と言っても同じことなのだが、真の潮流をなすような問題など一つもない、ということを。なるほど、解釈学やレトリック、ポストモダン、批判理論などの流行の思想は存在したし、その流行は真の流行と呼べるほどの盛り上がりを見せたと言ってもよい。しかし、それらは「われわれの問題」であったわけではない。なぜなら、それらはわれわれの生活のなかから要請され、立ち現れてきたものではなく、単に西洋の哲学界において流行しているという理由によって借りてこられたものにすぎないからである。例えば近過去の話題としてポストモダンがあった。しかし、一方においては西洋における近代は創造の哲学を基礎としていた。他方、わが国における近代は単に西洋化というかたちで追求されてきた。つまり、模倣としてしか近代がなかったこの国において、ポストモダンが真の、或いは少なくとも西洋におけるのと同じ問題でありうるものだろうか。これは、避けることのできない反省点であるように思われる。

われわれの美学の、あるいは哲学の状況をより具体的に振り返りたい。これまでの研究生活のなかで、わたくし自身は幾つもの主題と取り組んできた。その研究の素材は西洋の思想であり、テクストであったが、問題意識としては、そのすべてを、自らの感受性によって、自らの経験からくみ取ってきた。しかし、わたくしの問題意識そのものが、仲間によって学問的に共有されたことは、残念ながら一度もない。それは、わたくしの議論が十分な影響力を持っていなかったということであり、そのことは虚心に認めなければならない。しかし、これはわたくしだけのケースではなく、日本の大多数の美学者、哲学者のケースであろう。そうなると、個人の資質や能力の不足の問題とは別に、われわれの「哲学界」の一般的な慣行にかかわる問題もあるのではないか。例えば、わが国の近代美学の世界において、最も好んで論じられたのはカントの美学説であった。それ故、これについて書かれた論文も相当量の蓄積がある。しかし、ごく近年のものを除くならば、同じ日本語で書かれた同僚の研究に論及し、そこに批判を加えるものは、先ず皆無と言ってよかった。論ずるに値する論文がなかった、と言えばそれまでである。それが正しい評価かもしれない。しかし、論考の質において、西洋の哲学研究者たちが書く論文に劣っていても、もしも、真の意味での学問の共同体が形成されてあるのならば、同僚の仕事を完全に無視することなどありえようか。誰もが、全く国際的なコンテクストのなかでのみ仕事をしているかのような振りをしてきた。あたかも亡命してきた異邦人のように。これは絶対に異常である。同業組合としての学会はあっても、その学会は真の学界を形成していなかった。《日本の美学界が好んで論じている問題》など、生まれようがなかったのだ。

冷静に考えてみれば、それも当然だったのではないか。われわれの純粋国際主義は、貧困さの結果だった、そう認めざるを得ないように思う。何しろ、日本語で書かれた文献に言及することは沽券に係わるかのようであったのだ。それはつまるところ、文献の責任であるよりは、言及しない研究者の責任である。かれは何よりもまず、外国語の文献が読めるところを示さなければならない、と考えていたに相違ない。ましてや、対象としているテクストの日本語訳を読んだことをおくびにでも出そうものなら、それはこの上なく恥ずかしいことと見られていた。勿論、誰もが例外なしに翻訳を読んでいたし、そのことを誰もが知っていた。その上で誰もが、読まない振りをしていたのである。当然、外国語の文献を引用しながら、伏せられている翻訳と同じ誤りを犯している、というケースがいくらもあったに相違ない。やや切ない茶番である。

わたくしはこれを他人事として批判しているわけではない。特に先達の世代の学問を咎めているのではない。これはまさに、わたくし自身、若いころに実践していたことであり、その頃の心理を思い起こしつつ右のように書いたのである。翻訳で読んで関心を引かれ、自分の論文に引用したいと思いながら、その原文が見つからないために引用できずに困った、というときの奇妙な気持をいまもよく覚えている。勿論、可能なかぎり原文に当たって正確な文意を確かめることは、研究者にとって必要な心構えであるし、若者には背伸びが大切でもある。しかし、ここでは個々の行いや姿勢を問題にしているわけではない。真の意味での学問の共同体の形成が問題なのである。自分の学問に本当に自信があれば、日本語で書かれた論文や翻訳に言及し、そこに批判を加えることに、臆する理由などあるはずもない（特に、古典的なテクストの翻訳は、一種の解釈として重要である）。その意味では、近年、わずかではあっても、そのような傾向が生まれつつあることは、われわれの学界のそれだけの成熟のしると見ることができるだろう。

3　アメリカの啓示

一九八八年のノティンガムでの国際美学会議のときのこと、わたくしはアメリカのジョン・フィッシャーの研究報告「美的体験――われわれは何処で間違えたのか」に、ある種のショックを受けた。フィッシャーの報告は、美的体験こそが一切の美学の問題の解決を握る鍵であると信じて、人びとは研究を展開してきたが、それは間違いだった、という趣旨のものである（西洋人たちが「美的体験」をどの位重要と考えているかは、巻末の付録の2を見よ）。わたくしの受けたショックは、表題にある「われわれ」に関わっていた。わたくし自身がこの「われわれ」に属していないことは、明らかだった。美的体験に関して間違えたとは思っていなかったし、これが間違いを犯しうるような種類の問題であるとは、考えていなかったからである。おそらく、これはわたくしだけでなく、殆どの日本の美学者たちの共有する考え方であったと思う。われわれにとっては自明のことを、フィッシャーは「われわれ」の名において否定していた。

ではその「われわれ」とは誰だったのか。フィッシャーの報告は、その全体が、この問題について書かれたアメリカの学者たちの論文の要約と批判に充てられていた。それはあたかも、アメリカだけが世界であり、この国際会議に他の国から参加しているひとなどいないかの如くであった。国際的な学問交流の場において、フィッシャーは自国にいるかのように振る舞っていた。日本人は決してとることのない態度だし、またそのように振る舞えと言われても、おそらくできないだろう。そのことが、わたくしに複雑な思いを抱かせた。一方において、それは完全に、われわれがアメリカの哲学や学問についてもっている予見に、一致した。アメリカの学者たちは古典的なテクストを勉強することもしないし、他の国々の研究成果にもうとく、仲間うちの議論だけで学問をしている。それが最も容易に論文を作り上げる途だからだ、というのである。しかし同時に、このアメリカ流こそ哲学において最も自然かつ正統的なやり方ではないか、とも思われた。討論をしようとするならば、先ず隣人との議論から始めるのが当然だからである。そして少なくとも明らかなことは、このアメリカ流儀こそ日本の哲学界に欠けていて、われわれがいま、自前の問題と独自の歴史を持とうとするときに、範とすべきものである、ということである。

このようにして、わたくしが長い間抱き続けてきたユマニスム的普遍主義と、ヨーロッパ（フランス、ドイツ、イギリス等々）の文化の正統性に対する確信は、揺らぎ始めた。勿論、ドイツ美学やフランス美学に代えてアメリカ美学を取る、などということは問題ではなかった。それでは状況は何も変わらない。しかし、流儀の点では、古いユマニスム路線を捨てて、アメリカ方式を採用すべきである、と思われた。すなわち、先ず隣人の声に耳を傾けて、それに応答することによってしか、自らの学問を形成することはできない、という思いである。そこで、そのころわたくしは、第二の鎖国の必要を口にしてみたのだが（本書のプロローグ）、本気でなかったわけではない。

わたくしには、自分のものと見なしうるような集団的な歴史的場を持ちたい、という強い欲求がある。そのような場の外でなされる学問的営みは、それ自体としてどれほど優れたものであろうとも、所詮は徒花ではないか、という思いがある。勿論、一切の異文化からの影響を遮断し、国際的な交流を断絶することが不可能なことは、自明である。服飾におけるのと同様、哲学においても、国際的な流行に関心のあるひとが、常にいる。しかも、それは単なる軽薄な衝動とは言えない。国際的な哲学への関心を育んだのも、ユマニスムである。そして、そのユマニスム精神のお陰で、国際的な哲学を学んでそのなかに普遍的なものを見つけようとする態度が定着し、いまあるような厳格なディシプリン（学問的規律）の感覚が確立したのである。このディシプリンは、きわめて高水準のもののように思われる。ヨーロッパ諸国から学んで百年余がたち、いまわれわれの西洋哲学に関する歴史研究が相当に高度の要求をクリアしている、と言ってよいように思う。いくつもの独創的な研究がある、というのではない。しかし、幾らかはある。それ以上に重要なのは、研究の基本的要件に関するアカデミックな共通理解である。例えばカントの美学を研究するとすれば、先ず『判断力批判』を原典で読み、これについて欧米の学者の書いた主要な歴史研究を読まなければならない。その上で、これらに照らして、自らの発言を厳しく吟味しなければならない。いま日本の主要な大学の大学院で哲学を学ぶならば、このディシプリンの感覚を教えられる。百年かかって日本の学界が、走り高跳びのバーのように、すこしずつ水準を上げてきて、ここに至ったのである。西洋哲学はわれわれにさまざまな学説を教えただけではない。このディシプリンの感覚をもわれわれは西洋哲学から学んだのである。いまわたくしは逆の主張をしているようだが、そして事実そうしているのだが、このディシプリン抜きのエスニックな哲学ならば、それが最悪かつありふれたものであることは、明らかである。国際主義とエスニックな基盤に立つことの要求は、二者択一の問題ではありえない。

4　アメリカ美学史の教えとわれわれの進路

一九八八年の時点で、わたくしは国際的な舞台におけるアメリカ哲学の位置を正確に認識していなかった。ある意味で、アメリカの文脈をそのまま世界の文脈としたジョン・フィッシャーは、間違っていなかった。わたくしが十七〜十八世紀のフランス美学の研究に没頭している間に、状況は大きく変化していた。スウェーデンのイェラン・ヘルメレンやポーランドのボーダン・ヂェミドックなど、ヨーロッパの美学者のなかに、アメリカ美学に学んで自らの学説を展開する人びとがふえ、アメリカ美学はもはやローカルな話題ではなくなっていた。この変化は、アメリカ自身がその方針を転換した結果によるところが大きい。逆説的なはなしだが、アメリカ美学は国際主義的な関心を捨て、ローカルな議論に集中することによって、その国際的な名声と地位を獲得した。この変化について、リチャード・シュスターマンは、実証的でかつ洞察に富んだ「ナショナリズムと国際主義の間の美学」("Aesthetics Between Nationalism and Internationalism", *JAAC*, 51-2, Spring 1993, pp. 157-167) という論文を書いている。

シュスターマンによれば、アメリカ美学の国際主義のピークは五〇年代の中葉で、六〇年代の半ばには新しいナショナリスティックな傾向が、アメリカの美学雑誌の編集方針を支配することになった。因みに、この新しい方針を打ち出した編集主幹こそ、あのジョン・フィッシャーだった。シュスターマンはこの新しいナショナリズムを parochialism と呼ぶが、そこに皮肉が込められていることは間違いない（英和辞典には、「偏狭さ」「地方根性」などの訳語がある）。つまり、かれは一九九三年の時点において（そして個人的に知るところによれば、今も変わらず）、アメリカの美学に国際主義が必要と考えており、現在わたくしが日本の美学や哲学に対して求めているのとは正反対の要求を掲げているところに、明らかな状況の違いがある。シュスターマンの要求が生まれたのは、六〇年代以来のナショナリズムの成功を前提としてのことである。その美学雑誌が独自路線を取った時期は、おおよそ、アメリカ美学に対する世界的な関心の高まりと一致しているが、更にそれは、アメリカの現代藝術（特に美術）の世界的な名声の確立する時期とも一致している。六〇年代中葉以降、アメリカの藝術は世界の多くの部分における新しい藝術活動をリードしてきた。この新しい藝術についての理論化を期待すべき相手は、誰よりもまずアメリカの哲学者だったはずである。また、アメリカの美学者たちも、このオリジナルな藝術については、参照すべき国際的な哲学など存在しなかった。それは丁度、日本史や日本文学の研究者たちと同じ状況だったように思われる。かれらは自分の問題について、他の世界に相談すべき相手がいるわけではない。

シュスターマンは次のように言っている。「伝統というものはどれでもそうだが、或る国の哲学的伝統は系譜的な構造であり、それまでの哲学的な組織化と等級分けの努力によって構造化されてきたものである。……しかしそれはまた、われわれの現在の哲学的探究の努力、方向づけ、組織化を能動的に構造化しているものでもある」。わたくしは完全にこれと同感である。この点で言えば、右に述べた意味での日本の美学もしくは哲学の歴史もしくは「伝統」の欠如もまた、われわれの歴史もしくは「伝統」である、と認めなければならない。そのような歴史がわたくしの現在の努力を規定し、日本美学と呼びうるようなものを創り出したいという主張を提起させているのである。しかし、いま見たモデル・ケースとしてのアメリカの場合は、アメリカ美学の国際的成功がアメリカ藝術の国際的名声と照応しているという事実を示していた。つまり、哲学界もしくは美学界の「伝統」とは別の、全般的な文化的エネルギーという要素の介在を示唆している。美学の歴史を振り返ってみても、おおよそのところ、美学における独創的な理論は文化的興隆のコンテクストにおいて生み出されてきた、と言うことができる。

そこには当然、循環の関係がある。一方では確かに、文化状況が哲学の成熟の度合いを規定するであろうが、他方では、その哲学の成熟が、藝術その他の活動とともに、文化の状況を形成する。しかし、そのような一般的構造の観察が問題なのではない。先ず、一歩を踏みださなければならない。わたくしは、現在のわれわれの学問が、真にわれわれの学問になっていないと思うがゆえに、この一歩を踏みだすことが必要だと主張しているのであって、国際的な成功や名声のための戦略として、これを考えているわけではない。エスニックな基盤に立ち返って美学し、哲学するために、現在の学界において支配的な国際主義的な傾向が邪魔なのである。このような国際主義は、輸入型、後進国型の国際主義であって、成功したアメリカ美学が結果において享受しているような輸出型、先進国型の国際主義ではない。この両者は全く別物である。われわれのこの現実をしっかり認識することが先決である。わたくしは自らに、このことをつよく戒めたいと思っている。それを認識した上で、われわれの学問的な創造力を一層解放したい、というのがわたくしの野心である。この野心にとって、六〇年代のアメリカはやはりモデルとなりうるのではないか。

輸入型の国際主義の根深さを認識しておくことも重要である。ユマニスムは、おそらくいまも、この学問的流儀を支えるイデオロギーである。しかし、その上で、その活動を直接導いているのは、一種の力への欲望であろう。局地的なパワー・ゲームがその根底にある。この学界において認められ、他人に抜きんでるためには、国際的に認められている哲学者の学説を輸入することが、手っとり早い道である。しかも、われわれの哲学のスタイルは、西洋哲学のテクストの研究以外の仕事を殆ど認めていない。流行の学説の輸入は、公認された正統的な仕事なのである。これを局地的なパワー・ゲームと呼ぶとき、わたくしは勿論政治的なそれのことを考えている。ポントスの王ミトリダテースの子ファルナスは、ローマ軍と結んで父を死に追いやり、ポントスにおける権力を掌握する。しかし、これと引換えに国は独立を失い、やがてかれもまたローマ軍に殺された。大げさな、或いは不適当な例えと言われるだろうか。しかし、わたくしはそう思わない。流行の国際的な哲学に追従することによって、祖述家たちに一定の名声を与えつつ、それとひきかえに、われわれは創造的な学問の道を見失い、自らの問題と歴史を放棄しているのである。

II　哲学のスタイル／スタイルの哲学

2　アカデミズムと哲学

0　デュフレンヌの抗議文

ミケル・デュフレンヌ（一九一〇～一九九五）がひときわユニークな哲学者だったことは間違いない。サルトル、メルロ＝ポンティ、ポール・リクールらとほぼ同世代（リクールとの共著『カール・ヤスパースと実存の哲学』が、この二人の処女作だった）、友情で結ばれていたらしいドゥルーズは十五歳若く（以下に言及する雑誌にかれの私信が載っている）、フーコーやデリダになると更に若い。これらの名前のなかに置くと、デュフレンヌの名はいかにも地味に映る。それは、一つにはかれの主要な著作が美学に集中していることによるのかもしれない。その美学の理論をユニークと言うのではない。わたくしにそれを論じ評価する用意はないが、極めてまっとうな美学であるように思う。「まっとう」とはどういうことか、などということを議論したいとは思わない。かれのユニークさが、決して学説が風変わりであるという意味ではない、ということを言いたいだけである。

わたくしがユニークと思うのは、かれの哲学者としての生き方にある。それもサルトルのような派手な活動家であったわけではない。いわゆる五月革命のとき、学生を支持した教授の一人だったが、それも或るイデオロギーに立っての態度だったとは思われない。その哲学者としての生き方もまた、その学説同様、極めてまっとうな印象を与える。ひとの生に対して強い関心を保ち、闊達にそれらに対応し、理性的な批判精神を貫いたからである。このまっとうささえ、既にユニークな印象を与える。しかし、わたくしが特にユニークと思うのは、その人間的な影響力である。かれは、このまっとうな性格に加えて、その延長上に、偉ぶるところの全くない、非常にオープンで温かい態度でひとに接した。年齢差、師弟関係など、出会いのもとにあった関係がどのようなものであっても、デュフレンヌに強くひかれ、その周りに集まった人びとは、みな、かれの友人と呼ぶのが相応しい、かれの態度はそのようなものだった。晩年の数年は、酸素吸入を欠かせず、ベッドから離れられない状態だったが、例えばマリヴォンヌ・セゾン（パリ大学ナンテール校の教授）は毎週かれをアパートに見舞っていた。勿論、義務感や義理にかられてのことではない。喜びがなければ、そのようなことはできるものではない。この人間的魅力はただものではない。

このような意味でデュフレンヌを愛した人びとが、ルヴュー・デステティーク（美学雑誌）の一巻をかれの追悼号として編んだ（一九九六年、第三〇号）。それは儀礼的な追悼号とは全く違う。かれのこのような存在そのものを伝えたい、という意思に貫かれている。この号をひもといて、わたくしは更めて重たい感動に捉えられるとともに、幾つかのところで反省に誘われた。それは哲学の、そして特に大学での哲学のあり方をめぐって、自づから本書の主題ととけ合う性質のものである。この雑誌を糸口にして、思索を展開したいと思う。最初のテーマは哲学のスタイルとアカデミズムであり、これについてのデュフレンヌの発言を理解してもらうためには、かれの人物描写を欠かすことはできない。そう考えて右のことを記した。早速かれのテクストを示すことにしたい。

2　候補者について、その教育者として、また研究者としての能力だけでなく、かれらの学説もしくはスタイルの選択についても判定していること。そして、歴史的知識（érudition）や科学哲学を優先し、逆に形而上学、倫理学、美学など他の専門領域（discipline）に対しては、常に偏見のある目で見ていること。

勿論、論文ではない。パリ第十大学（ナンテール校）の教授だったデュフレンヌが、同校の諮問委員会の哲学部門からの辞任を申し出た、一種の公文書の一節である。一九七二年一月二日の日付がある。「諮問委員会」と訳した Comité consultatif という組織がどのようなものか、わたくしは詳らかにしないが、相当の権力をもった、中枢的な意志決定機関と見られる。デュフレンヌは、この組織の運営が不公正であり、「これ以上同席していることに耐えられない」と言って、辞表を叩きつけたのである。かれは運営上の問題点を五つ挙げていて、右に引用したのはそのうちの二番目のものである。その他は、博士論文の審査委員会をも審査するような「まさに至高の権威があると思っている」こと、恣意的に判断の根拠を変えること、文部省さえ考えていないような人員採用の抑制（「マルサス的政策」）をとっていること、その委員自身がその立場から或る恩恵に浴していること（昇進の度合いが高い）である。

逆上しているわけではない。しかし、歯に衣を着せず、ストレートに怒りの表現された言葉である。右にスケッチしたその人柄からして、「権威」を傘に着ることを、本当に嫌悪したに相違ない。かれの批判した委員会の運営の実態がどのようなものだったのかは、分からない。この批判に対して、委員会の方にも言い分はあったはずである。しかし、それはどうでもよい。また、一九七二年初頭が一九六八年（五月革命）の殆ど直後であって、大学の運営の上でも様々な対立のあったことが想像される。この雑誌の巻末にある年譜によれば、この辞表は、フランソワ・リオタールを助教授候補者のなかに加えることが否決された直後に書かれたものらしい。背景についてのこれだけの知識をもとにして、右に引用した言葉を読んだとき、わたくしは考えさせられた。それは、アカデミズムと哲学のスタイルをめぐる思索である。

1　能力と純粋差異

わたくしは、デュフレンヌが告発した大学の運営政策の実態や、かれの告発そのものに関心があるわけではない。特にリオタールの採用を否決した判定が正当なものだったのかどうかについて、批判を加えたいというわけではない。右に引用したデュフレンヌの言葉は、大学における哲学のありかたに関わっている。すなわち、大学が新任の哲学の教師の採否を決定する際の基準の問題である。デュフレンヌは、判定は専らその候補者の「教師として、研究者としての能力（le talent）」によるべきであって、「学説（doctrine）もしくはスタイル」を問題としてはならないし、専門領域（discipline）について偏った見方をすべきではない、と主張している。かれの言葉を一種のテクストとして読んだわたくしは、そこに或る文体的な違和感を覚え、スタイルという語に注目した。「学説」や「専門領域」と並べられると、「スタイル」は相当に異質なものであり、わざわざこの語を忍び込ませているという事実から見ると、リオタールの人事ではそのスタイルが問題とされたのではないか、という憶測さえすることができる。

「能力」だけというデュフレンヌの主張に、正面きって反対するひとはいないだろう。それにもかかわらず、ことは簡単に収まらない。かれは能力と他の三つの基準を截然と区別しているのが、現実には、例えばスタイルの違いが能力の違いとして判定されるということが、あるのではないか。デュフレンヌに従えば、能力は価値であり、他の三つは価値ではなく、単なる差異である。このような純粋な差異の典型と見られるのが、藝術上のスタイルすなわち様式である。かつて、例えばゴチック藝術は、その呼び名（「ゴート的」）の通り野蛮な藝術、より劣った藝術と見なされていた。このような価値の点での違いという捉え方を否定して、それを対象を見る見方の違い、造形表現の仕方の違いにすぎず、価値の上では同じ権利があると主張したのは、十九世紀の美術史学であり、今日ではこの理解はスタンダードとなっている。そして、この様式概念から着想を汲んで、科学史家のトマス・クーンが「パラダイム説」を展開したことは、よく知られている。デュフレンヌの主張は、この様式概念とよく符合する。学説を純粋差異と見るのは、それをスタイルの函数において考えているからである。

「学説」とは何か。或る主張を含んだ教えの体系、と理解するのが常識的なところであろう。例えば、神学上の異端説を考えよう。正統と異端の違いは、まさに学説上の対立である。中世のヨーロッパの大学の神学部は、もちろん異端を受け入れなかった。それに対して、学説による差別をするな、というのは、端的に異端をも受入れよ、という主張である。これもまた、神学部とは異なる哲学部もしくは文学部のあり方としては、殆ど常識として受け入れられている考え方と思われる。では、その哲学部や文学部が、神学的な哲学説の持ち主をスタッフとして受け入れるだろうか、ということになると、既に問題は微妙である。それがユダヤ教的な哲学者、カタリ派の教えを理論化した哲学者、更には、ニヒリズムに立って自殺を慫慂する哲学者、暴力的革命を喧伝する哲学者となると、学説が単なる差異ではなく、価値の（つまり実存的な選択にかかわる）契機を含んでいることが鮮明になる。これらは他の学説を排斥する。その立場は学問的能力のみを価値として、すべての学説を純粋差異と見るアカデミズムと対立する。

逆に言えば、アカデミズムもまた、この種の生臭い学説を排除する。それを排除しながら、しかも学説を純粋差異として平等を主張しうるのは、学説をただスタイルとして見ることを要求している、ということに他ならない。このようにスタイルは学説を純化する魔法の杖であり、アカデミズムの存立のかなめと言うことができる。そこで、デュフレンヌはスタイルの自由を要求した。アカデミズムの正統とも言うべき主張のように見える。しかし、現実はそうではない。スタイルの自由を要求するとき、デュフレンヌは、実は極めてラディカルな、そして矛盾した要求、すなわちアカデミズムの制度そのものの否定につながる自由を要求している。逆に、もしも制度としてのアカデミズムを受け入れるならば、そのアカデミズムはスタイルの自由を許容しない。何故ならば、アカデミズムとはスタイル以外の何ものでもないがゆえに、そのスタイルの自由をみとめることは、学説の衝突以上に根源的な危険、アカデミズムの崩壊の危険をもたらすからである。

2　スタイルとしてのアカデミズム

アカデミズムは、アカデミックなと呼ばれるスタイル以外の実質をもたない。スタイルとはこの場合、言うまでもなく、学問の仕方、流儀のことである。スタイルだけがその実質である以上、アカデミズムはスタイルにおいて異端を認めない。すなわち、アカデミックなスタイルだけが唯一正統なスタイルであるとして、その他のスタイルを排除する。そして、一般にそう見られているように、アカデミズムが強固な制度であるとすれば、それはこの排除の強さによるものに他ならない。

再び、アカデミズムの許容する学説の限界の問題に立ち帰りたい。注目したいのは、教授の学説(強い意味でのそれ、すなわちかれが信奉し教えようとしている教説)と研究対象のそれぞれの幅の違いである。哲学はその学問の性質上、研究対象は殆ど無限で、ありとあらゆる人間的事象を対象としうる。これに対して、教授陣の学説の幅はごく狭い。厳密な意味でのトミスト、すなわち、単にトマス・アクィナスの哲学もしくは神学を研究しているひと、という意味ではなく、自らの哲学的な世界観のみならず、宗教上もトマスの説を信奉しているひととしてのトミストは、教授陣にはいないとしても、トマスの哲学や神学を研究し、教えるひとはいる。更に、そのような専門家がいなくとも、学生がそれを研究することを妨げるものはない。教授の学説としては問題視されることがあるとしても、研究対象としては、トマス説はごく正統的なものである。トマス説どころではない。悪の哲学も、自殺の哲学も、それを研究対象として取り上げることに何の問題もない。

悪の哲学を論ずる哲学者が、自らその学説を信奉していなければならないとすれば、このような主題は大学から追放されてしまうであろう。他方、悪の何たるかを知り、その影響の及ぶところを見極めていることは、われわれにとって非常に重要なことである。それは善の哲学と重要性において変わらない、と言ってよい。善しか知らないひとがいるとすれば、そのひとは実は善についても知らずにいるに等しい。善しか選択肢がないとすれば、善なる行為をしても、本当の意味で善とは言えまい。われわれの自由のためには、悪の認識が不可欠である。信奉してはならないが認識しなければならない、というこの二重の要請に応えるのがアカデミズムである。アカデミズムとは、研究対象に対して距離をとることに他ならない。

研究対象に対して認識のための距離をとることが、アカデミックなスタイルである。この認識が人間の自由のためのものであるからには、アカデミックなスタイルは一種の知的な倫理である。信奉せずに認識すること、すなわち実行せずに純粋な認識に徹することは、それ自体としては相当に歪んだ活動である。だから、世間の人びとは学者を変人と見る。しかし、行動と認識の幅の違いは、何も学者だけの問題ではなく、すべてのひとに通有の人生の根本的な倫理的な条件である。実行しうる以上の認識、決して実践しないような知識があって初めて自由が生まれる。悪を実行しうることが自由なのではない。悪と善との認識があったうえで選択してこそ、自由なのである。この徳目を教えることも、究極的にはアカデミズムの仕事である。その知的倫理は厳密なものでなければなるまい。対象に対して距離を取るのは、自らの実存的なパトスによって対象の認識を歪めることがないようにすることである。それゆえ、対象の客観的で深い認識をアカデミックなスタイルは旨としなければならない。《真理の探究》という、やや権威主義の匂いのする言葉で、伝統的に語られてきたことは、このようなことであると思われる。

アカデミックなスタイルが他のスタイルを排除するというが、排除されるのはどのようなスタイルなのか。他のスタイルと言っても、藝術のスタイルでないことは明らかだから、学問の、あるいは知的認識のスタイルであるのは間違いない。知的認識は、どれもが真理を追求するのではないか。そこにいかなる違いがありうるのか。これはもっともな問いである。答えることの難しい問いだが、二つの答え方がある。

先ず第一に、スタイルは具体的現象である。具体化されたスタイル、すなわちアカデミックな哲学論文を知らないひとには、いくら説明しても分からない。クラシックとバロックについてのヴェルフリンの説明をいくら勉強しても、その作例を知らないひとには、このスタイルの違いが理解できないのと同じことである。わたくしはこのあと次の章において、より具体的にこのスタイルの問題を取り上げるから、その上で判断して貰いたい。これが第一の答えである。

しかし、アカデミックな学問以外に知的な認識活動があるとは思えない、というひともあるかもしれない。そのようなひとには、アカデミックなスタイルが他のスタイルを排除する、ということは訳の分からない主張ということになる。そこで、概念的な形で「他」のスタイルの何たるかを、指摘しておくことが必要になるだろう。一般に非アカデミックと見なされるものの典型は、先ず第一にジャーナリズムであり、第二は評論である。あるいは両者は重なり合うところも多いだろう。更に、アカデミズムとこれらとの違いが不明瞭なケースも少なくない。概念的に両者の違いの二三を挙げるならば、次のようなことが言えよう。先ず、ジャーナリズムや評論は読者の方を向いているのに対して、アカデミズムにはそのような意識が希薄である。第二に、ジャーナリズムや評論が洞察の鋭さを志向するのに対して、アカデミズムは客観的な正確さを重んずる。第三に、ジャーナリズムや評論にはないアカデミズムの特徴として、対象の観察もしくは知覚においても、また論理的な手続きについても、厳密さを要求すること（その結果として理屈っぽくなること）、を挙げることができる。最も重要なのは最後の特徴であろう。アカデミックな哲学と言えども、読者に理解してもらうことを重視すべきであるし、洞察の鋭さがその哲学の価値に無縁とはとても考えられない。それに対して、厳密さの要求を棄てたとき、アカデミズムは自らの存在理由を喪う。

3　専門領域の流行と動態

デュフレンヌが問題にしていた三つ目の差異である「専門領域」について、考えてみたい。形而上学も、倫理学も、美学も、欧米の大学では、概して、哲学のなかに含まれていて、細分化されていないから、これら下位の領域間の争いは常にありうる。現今の日本の大学制度のなかで言えば大講座である。大講座は、確かに時代の変化と新しい要求に対する順応性が高い、とは言えよう。しかし、それは反面において、この領域間の争いを数の原理に委ねる、という危険をはらんでいる。毎年、その学問を志す学生が数人しかいない、というような専門領域は無用と判断するとすれば、それは極めて短絡的で野蛮な考え方である。

デュフレンヌが抗議している傾向がそのような危険な性質のものだ、ということでは勿論ない。七二年の時点のフランスの大学における、教官レベルにおける認識論《エピステモロジー》の高人気、形而上学、倫理学、美学の不人気という傾向は、勿論、一種の流行現象である。このような波が社会の「ニーズ」を直接反映している、と主張することは簡単だが、現実はそれほど単純ではない。専門領域に関する学生の選択は、かれらが教官になるときに、すなわち二三十年遅れで教官の構成に反映してくる。そして、学生の選択は社会の動向に左右されるだけでなく、またそれよりもむしろ、学界の専門的な動向に左右される。かれらは《今の現実》に強い関心を抱いているが、その現実は老人の政治家や経済人が考えている現実と、必ずしも一致するわけではない。かれらにとっての現実は、むしろ今の哲学や藝術、今の文化にある。それと同時に、少数ではあっても、永遠の問題に強い関心を示す若者が必ずいる。現代派も永遠派も、ともに《現世原理》とは別の、殆ど哲学的な意味での現実に向かい合おうとする点では、実は同じ若者だと言える。かれらは専門領域を選ぶ際に、ある種の学問的創造力のようなものに反応する。しかし、創造力についてのかれらの判断は浅薄なことも少なくないから、新しさを新しさゆえに支持する、という面がある。そこで、学問的な流行はかれらの選択によって加速される。

美学について一言しておきたい。フランスの美学が大きく変貌してきたことは間違いない。いまわれわれが取り上げているデュフレンヌ特集号の巻頭に、マリヴォンヌ・セゾンは一文を草し、デュフレンヌの生涯と仕事を紹介している。そのなかで彼女は、デュフレンヌの美学を「最後の大きな古典的美学」と評し、その後のフランス美学の主流が「藝術作品の分析」に力点を置くものに変わってきた、と言っている。わたくしは、作品分析がそれだけで哲学としての美学になるとは全く考えないが、デュフレンヌ以降の変化ははっきりと示されている。この変化によって、哲学のなかでの美学の位置がどのように影響を受けたかは、分からない。ドイツの状況については、ハインツ・ペッツォルトから聴き及んでいる。かれによれば、過去二十年ほどの間、ドイツの大学における美学は全く低調で、これに関心を寄せる研究者は数えるほどだった。それが、ここ数年は、顕著な関心の高まりを示しており、その動向のなかで、一九九三年、ドイツ美学会が創立された。デュフレンヌが抗議文を書いたころ、少なくともドイツでは美学の低迷期に相当していた。フランスでもそうだった可能性はある。

このように専門領域の消長は、一種の流行現象である。しかし、デュフレンヌが挙げているなかで、「歴史的知識」の優遇ということは、異なる性質の問題で、アカデミズムの哲学にとっては、極めて本質的な契機である。そのスタイルとしての哲学は、具体的にはまさに「歴史的知識」の特権性として現れてくる。言い換えれば、哲学史研究（美学においては美学史、倫理学においては倫理学史の研究）の支配である。しかも、哲学史と言っても通史を指すわけではなく、古典的なテクストの研究を含めてこのように呼ぶことにする。それどころか、あらゆる歴史研究において見られる傾向だが、通史の試みは極めて低調で、ここで哲学史と呼ぶものの実態は、この古典研究にある。これに対して、哲学史ならざる哲学とは、言うまでもなく、自由な思索のことである。

4　アカデミックな哲学としての哲学史

デュフレンヌが「歴史的知識」の優遇と言っていることは、事態を雄弁に物語っている。哲学史と言えば、独立した専門領域のような印象を与える。哲学があり、哲学史がある。しかし、ここでわたくしが哲学史と呼んでいるものは、そのような性質のものではない。哲学のあらゆる専門領域に浸透し、それを支配している研究の傾向、もしくは方法である。例えば形而上学と言いつつ、自ら形而上学的思索を展開する代わりに、プラトンなり、トマスなり、デカルトなりの形而上学的なテクストを研究すること、美学の代わりに美学上の古典を研究すること、等々は、極めて一般的な傾向と言うことができる。そこでデュフレンヌは「歴史的知識」の偏重を語ったものと思われる。

このような哲学史研究は、大学においてどれ位重要な役割を担っているのか。今年（九七年）の二月、来日したソルボンヌ大学の哲学の教授ピエール・マニャール氏を囲んで、東京大学において塩川徹也教授の主宰のもとに研究集会が開かれた。モンテーニュとパスカルの関係についての氏の講演を聴いたあと、氏が中心となって取りまとめたフランスの大学の哲学研究についての調査報告を主題とするリポートがなされた。そのなかで、マニャール氏は、フランスの大学の哲学の九〇パーセント以上が歴史研究である、ということを明言された。――実はこの数字の記憶は怪しい。八〇、八五パーセントだったかもしれないし、九五パーセントだったかもしれない。わたくしの記憶は「殆どが哲学史研究」というものである。――この集会の席上わたくしは、このような傾向は哲学にとってのデカダンス以外の何物でもない、ということを申し上げ、マニャール氏もそれには同意された。いま、わたくしの認識は、この文章をつづりながら一層明確になり、哲学史へのこの傾向の根深さが見えてくるようになっている。その報告書のなかの言葉（総括役のザルカ氏とマニャール氏の共著による巻頭の報告）自体が示唆的である。

しばしば提起されるのが、哲学と哲学史との関係の問題であり、特に形而上学と政治哲学においてそうである。この二つの領域では、さまざまな理由によって、歴史的な考察は主題的な考察よりも優勢である（*La Recherche philosophique en France—Bilan et Perspectives*—, Rapport de la Commission présidée par Pierre Magnard et Yves Charles Zarka, Ministère de l'Education Nationale, 1996, p.13.）。

政治哲学は今の現実に最も強い関係をもつ主題であり、また形而上学こそ最も哲学的、最も思想的であるべき領域である。この二つの領域を挙げることは正当なことではあろうが、他の領域では思索が歴史研究よりも優勢だということでは全くない。この口篭もったような書き方が、報告者の或る困惑を物語っている。

マニャール氏の話を聴くまで、わたくしは、これが後進国型の日本の哲学（西洋哲学研究）の特徴である、と思っていた。事実、日本の大学で考えるならば、右の数字はかぎりなく一〇〇パーセントに近づくことだろう。マニャール氏の指摘は、わたくしにはやや意外なものに思われた。だが事実とするならば、この傾向はフランスの大学もしくは哲学の歴史的な動向のなかにある、或る特殊な時代傾向なのではないか、とも考えてみた。ところが、実態はそうではない。右の報告書は、これが「しばしば提起される問題」であることを指摘している。つまり、フランスにおいても繰り返し問題視されてきたということである。繰り返し問題視されるのは、状況が一向に変わらないからである。何故変化しないのか。一つには、これを問題だと思っている研究者も、非常に大きな問題だとは思っていない、ということがある。哲学の教師の誰もが思索の能力があるわけではない。空疎な思索を講義することは、教育上はなはだ好ましくないことになろう。哲学の本領が歴史研究ではなく思索にあるとしても、アカデミックな世界の全体として見れば、何人かの哲学者、あるいは思想家がいればよい、というわけである。しかも、哲学史研究は、まさにアカデミックな哲学が認める正統的なスタイルなのだ。

では、哲学史研究は、何故、アカデミズム公認のスタイルとされているのか。これは一時の流行や、成り行きの問題ではない。哲学史研究の優越は、アカデミックな哲学に本質的についてまわる傾向なのである。説明は簡単である。もう一度、哲学者の個人的な信条と哲学の研究対象との間の幅の違いを想起すればよい。悪を信奉する哲学者が大学の教授として迎えられることはないが、悪そのものは重要な研究対象となる。哲学者は、そして特にアカデミックな哲学者は、研究対象に対して距離を取らなければならない。哲学者一般の取るべき距離は、認識の客観性、真理性のためのものであるが、アカデミックな哲学者の場合には、更に制度的な要求が加わる。そして、この距離の要請に対して応える最も有効な方策が、哲学を自分の思想としてではなく、古典的な哲学者のテクストの研究として論ずることなのである。かくして、アカデミズムはテクスト研究をはなれた自由な思索に対して、常に警戒の目を光らせている。疑わしい動きに対しては、常に攻撃の矢が準備されている。曰く、ジャーナリスト的だ、曰く評論的だ、そして曰く、非学問的だ、というわけである。アカデミズムは現実に深入りすることを好まない。

わたくしは、このアカデミズムの態度が間違っている、と考えているわけではないし、ましてや攻撃しているわけではない。しかし、これをただ肯定しているのであれば、本書を書くことはなかったであろう。さしあたり、ここには大学の学問としての哲学の、本質的なパラドックスが浮き彫りにされている。哲学が学問である、と言うのは勿論正しい。しかしそれと同時に、これを正しいと言うのをためらう気持ちがある。誰にもあるはずだ。学問とは研究であり、思索や思想は研究ではない、という点がためらいのもとにある。哲学に関して研究と呼びうるものは、哲学史の研究（つまり古典的なテクストの研究）以外にはないのではないか。

5　フランス哲学と《日本哲学》

デュフレンヌの言葉を糸口として考察を展開してきたが、これは何もフランスの大学における哲学の状況を解明しようとしたわけのものではない。わたくしの関心事は、一貫してわれわれの哲学にあり、それが殆ど完全に哲学史研究に集中していることを問題としたいのである。わたしはカントを研究しているが、カントの思想についての歴史研究をしているわけではない、カントを借りて自分の思想を語っているのだ、という哲学教師もいるだろう。いや、それが多数意見であるかもしれない。わたくしは、これを嘆かわしい混合形態と思う。哲学史研究が思索への欲求の代償となっていると考えるがゆえに、嘆かわしく思うのである。

勿論、右に述べたように、アカデミックな哲学が哲学史になることは一種の必然であり、それが正当なものであることをわたくしも認めるにやぶさかではない。しかし、哲学的な思索が消えてしまえば、それはもはや哲学ではない。右にフランスの大学の哲学者たちの気持ちを忖度して、どこかに思想としての哲学があれば、多くが哲学史研究であってよい、という考え方をしてみた。これに従えば、程度問題ということになる。しかし、わが国におけるように、この思想としての哲学の部分が限り無くゼロに近いとなると、大学における哲学全体の性質が全く異なってくる。フランスでは、哲学は複数のスタイルを含み、それらのスタイルが相互に関連づけられている。中心には思想としての哲学があり、それを支えるものとして古典的テクスト研究の広い裾野があり、更に、歴史という課題を自覚した哲学史研究がある、という具合である。これに対して日本では、哲学には右に言及したような混合的なスタイルしかないのではないか。

更に重要な問題がある。フランスの哲学が哲学史研究に傾斜し、デカルト研究、ルソー研究、ベルクソン研究などを主要な課題としても、それは既にフランス哲学の研究である。それは、日本人がこれらの哲学者を研究するのとは、大いに性質が異なる。フランス文学の研究者にとって、フランス文学のテクストの研究以外に研究の場所はない。それと全く同じように、われわれの哲学は、西洋哲学のテクストの研究となっているのが現実である。しかし、哲学の本質は別のことを要求している。本書を通してわたくしが主張したいと思っているのは、歴史研究を棄てて思想もしくは思弁に帰れ、ということではない。このスタイルの問題以前に、われわれの哲学が、わたくしにとっては特に美学が、われわれ自身の経験と生活の基盤から立ち上げられるものでありたい、ということである。この観点から見るとき、フランスと日本の状況は全く違う。一方においてフランス哲学というものが存在し、他方において、《日本哲学》なるものは未だ存在していないのである。

3 スタイルのプラグマティックス

0 スタイルの教育機能

哲学にとってスタイルは瑣末な現象である、と思うひとがいるかもしれない。一般にはそう思われている、と見る方が正確だろう。それは、学説だけを見ているからである。しかし、現実の営みとしての哲学を考えるならば、スタイルの重要性は何にもまして際立ってくる。哲学をどのようなスタイルで表現するかが重要だ、と言うのではない。表現する以前、哲学的な考察に入る以前に、われわれは哲学の或るスタイルを通して哲学を理解しているからである。これは哲学の研究者の経験であるだけでなく、誰でもそのようにして哲学とは何かを理解したはずだ。哲学の本あるいは文章にはある独特の感じがあって、それが多くのひとの知っている「哲学」である。藝術のスタイルと同じく哲学のスタイルも、その根は深くとも、それ自体は最も表層にあるかたちである。われわれは目に見える特徴からものを認識する。その独特のかたちと色あい、香りなどが、われわれの知っている林檎そのものである。経験のなかでは、《いかに》が《何》を規定している。

スタイルはこのように哲学とは何かの「一応の理解」を規定しているだけではない。哲学の論文を書こうとするとき、その力は一層歴然としてくる。専門の哲学研究者も最初は学生だった。おそらくは最初に卒業論文を書いた。論文とはどのように書いたらよいものか、に戸惑う学生は少なくない。この戸惑いを感じない学生は、既に論文を読んでいて、そのスタイルを通して、論文とは何かを知っている、或いは知っているつもりになっている学生である。戸惑った学生も、同じプロセスを通って、論文の入口に到達する。これ以外の通路はない。ここにスタイルのプラグマティックス（実践論）の位相がある。このプロセスを通して、スタイルは「ノー・ハウ」となる。

初学者は、既にある論文のスタイルを介して論文のスタイルを知り、その知ったスタイルにのっとって自らも論文を書く。この顕著な模倣現象においては、当然のことながら、モデルとする論文のスタイルがかれのスタイルを決定する。そして一度スタイルを確立すると、殆どの場合、そのスタイルがかれの哲学的実践の地平を決定することになる。本章では、スタイルを介して展開されてゆく哲学の再生産の過程をやや実証的に考察したい。

1　日本の美学におけるスタイル

a　大西克礼の『美学』

いま、われわれの共通して認識している学術論文の標準的なスタイルがどのようなものか、ということにふれることなしには、スタイルのプラグマティックスを論ずることは難しい。そこで先ず、美学における論文を具体例として、このスタイルを分析することにしたい。われわれの哲学論文のスタイルは、過去半世紀の間に相当大きな変貌を遂げた。先ず半世紀前の論文の「古典的」スタイルを呈示し、現在のスタイルがそれとどのように違っているかを説明する、という形でこの課題に応えることにしたい。

古典的な実例として、大西克礼（一八八八〜一九五九）の『美学』を取り上げよう。著者は、東京大学文学部における二代目の美学の教授で（講座担当の時期は一九二九〜四九年）、日本のアカデミックな美学の基礎を築いた人物である。『美学』は遺著として出版されたものながら、退職後に着手して一九五七年には脱稿していた。(1) その学説が在職中の講義によって徐々に形成されたものであることを考えれば、ほぼ半世紀前の実例と見てもよかろう。特にスタイルの点では、在職中に書いた著書や論文と根本的な違いはない。この大著の全体を検討することはできないし、またスタイルを明らかにするという趣旨にとって必要なわけでもない。そこで、第一篇「美的体験の構造」の第一章「直観と感動」を取り上げて吟味を加えることにしよう。本篇のなかでは最も短い章だから、サンプルとしては最適と思われる。

「直観と感動」という主題は、現代の美学が取り上げるような問題ではない。直観も感動も、概念としての問題性をとうに失ってしまい、今や無色の用語群のなかに埋没してしまった観がある。「直観と感動」という主題を提示されて、それがどのような問題を表しているのかを飲み込むのに、わたくしなどは一呼吸置く必要を覚えるほどである。それは美的体験における対象への志向性と、主観の充実した心理状態との対比であり、今も議論に上る対概念としては、異化と同化がこれにおおよそ対応している、と見られる。二十世紀の美学の基調は、体験の充実相や特に「感動」を軽視し、時には毛嫌いして、知覚の客観性や更には藝術体験における認識や知識の契機を強調する方向に向かってきた。そのために、特に「感動」は学問的な術語とさえ見えなくなり、日常的な用語をそのまま採り入れ、従って非学問的な考え方を持ち込んでいるような印象を与えるわけである。このように大西とわれわれの間の距離を確かめた上で、大西の論述のスタイルという観点から考察することにしよう。

私見によれば、大西の美学のスタイルを決定しているものは、その中核的なテーゼそのものにある。先ず、この章の序論的な部分（六九〜七三頁）に注目しよう。ここでかれの基本的立場が表明されているからである。この序節部分において大西は、心理主義の批判から論を起こし、美学の課題が、心的な要素への分析に止まらず、美的価値を実現する構造を綜合的に解明することにある、とする。美的体験を特に精神の作用の面から見ると、それは直観と感動が一つとなり、直観的感動ともまた感動的直観とも言えるようなあり方を呈することに存する。対象把握である直観は静的、明晰、統一的、形成的な働きであるのに対して、主観の共鳴である感動は動的、幽暗、渾融的、没形式的である。この両者の間で、一方を強調して他方を無視する立場は多々ある。アポロン的とディオニュソス的、古典的に対するバロック的もしくはローマン的などは、この対立に基づくものと言えるし、同趣の性格学的な対比を主張する説もある。更に遡るならば、この主知主義的美学と主情主義的美学の対立の根底に、知（Intellekt）と情意（Gemüt）の根本的区別を考えることができる。このように問題の広がりを描いた上で大西は、心理学的方法が究極のものではなくなった今日の課題としては、直観と感動の「統一関係」が美的体験にとって本質的であることを示すだけで足りる、として序節部分をしめくくる。すなわち、この章全体の主題は、美的体験が直観と感動の一体化、もしくは一致にある、ということを示すことである。

　これに続けて大西は、直観を四つの型に分類し、そのそれぞれに対応する感動を論ずるという分析を展開するが、直観と感動の一体化を求めるかれの立場が最も鮮明に打ち出されるのは、その次の美的象徴性に即して直観と感動の関係を論ずる部分（八六〜九四頁）においてのことである。すなわち、大西によれば、精神の作用としての直観や感動については、既に指摘したように一方に偏った見方をとる学説が少なくないが、それらとても、哲学的思索を深めて、作用だけでなく美的な価値内容をも考えに入れるとき、必ず美的象徴の問題につながってくる。すなわち、その一面性を脱して、必ずこの両面を結び付けて考えるようになる（そのような実例として、大西はメッカウアー、リップス、オーデブレヒト、クッニッキー、コーヘンらの説を挙げる）。この美的体験全体の構造という観点から見るとき、精神の作用は直観と感動の同一性（大西は「帰一関係《イデンチテート》」と表現する）でなければならない。しかも、それは単独であるわけではなく、他の二つの同一性と重なり合っている。第三のそれは、内容に関わる「藝術感的」と「自然感的」の「帰一関係」だが、これについてはただ付言されるにとどまる。ここで説明されているのは第二のそれ、すなわち「生産性」と「受容性」の同一性である。これが第一の同一性と重なり合うという点については、特に純粋感情（コーヘンの用語を借用）としての感動が「エロス」であって、単に受動的に働くだけでなく、能動的に美を現実化するということが再論され、また直観の面については美的象徴に関わる生産的直観作用として説明される。このそれぞれが美的に純化されるとき、客観面では「象徴的深化」が行われ、これに応じて主観面では「脱我《エクスターゼ》」が達成される。この説明のしめくくりとして大西は、藝術の効果はつまるところ「愛の奇跡」であり、この「愛の奇跡」は「自我感情と全体感情」或いは「自己意識と自己忘却」という「矛盾の調停」としてしか説明できない、という詩人デーメルの言葉を「慥に傾聴に値する言葉」として紹介し、更に近年の論考の一つとしてH・レッシュという人の論文の内容を祖述している。

最後の「蛇足の余論」（九四〜九九頁）は直観に関する補足である。先ず、「視る」ということの藝術における意味を論じ（ここでも対象をつくり出す生産性が語られる）、フィードラーの理論を批判し、次いで直観されるものとして語られる「藝術的真」の特殊性を指摘して、これのみを美や藝術の価値原理とすることは誤りであると言う。そして総じて「直観論美学」を誤りと断じた上で、ドイツ語のFühlenが主観的に「感ずる」というだけでなく、対象に「触れる」の意味を併せもつことを指摘して、この章を閉じている。

b　スタイルから見た大西の美学

この節の課題を果たすために、ひさしぶりに大西の『美学』を再読して、認識を新たにしたところがある。滅多に笑うこともなかったという、この謹厳な美学者の著作を、わたくしは冷たい知識の権化のように思っていた。しかし、この見方は表面的なものにすぎなかったらしい。右の要約から明らかなように、ここで大西が論じているのは、美的体験がわれわれの精神の働きの点について見れば、単に対象志向的（直観）でもなければ主観的自己享受的（感動）でもなく、この両面が一つになっているところに、その本質があるということである。この考えを大西はどこから得てきたのか。長い間わたくしは漠然と、それはいずれかの学術書に由来するものに相違ない、と思ってきた。しかし、今回この章を通読してみて、実は大西が自らの経験をもとにして思索している、ということに気付いた。感情が直観すべき対象を産出するという、かれの理論にとって文字通りかなめとなるイデーを呈示する際に、かれは「例へば《愛欲》とか《願望》とか《憧憬》とかいふ如き感情の作用が、往々にして甚だ強く想像を刺激し、その意味の内的直観像を、極めて鮮明ならしめ、潑剌たらしめる傾向があることは、誰でも経験し得るところである」（八二頁）と言っている。H・コーヘンの用語を借りつつ、しかもコーヘンとは異なる意味だと断りつつ、美的感情をエロスとして、つまり対象産出的なものとして規定するところに、この問題に関するかれの理論の核心があるが、それは経験から立ち上げて定式化した思想だった。しかも、この基本的な洞察の理論的な射程は長く、大西の美学体系の最も中核的な構造を形成している。言うまでもなく、三つの「帰一関係」の重なり合いのことである。竹内敏雄は、「この大規模なシステムの根抵をなすものは、美的体験においては諸々の相対立する両極的契機が究竟において帰一するという主張」である、と言い、更に加えて西洋美学と東洋思想との統一をも重ね合わせて見ようとしている（三～四頁）。

大西が引き合いに出している西洋の美学説と、かれの論述との関係を詳細に見てみると、その議論がそれらの学説から出発しているわけではなく、論述自体も大西自身の論理に従って運ばれていることが分かる。それでは、この美学は独創的な思想と見なしうるか。否である。模倣によって理論を構築したわけではないにもかかわらず、この「対立物の一致 coincidentia oppositorum」（ニコラウス・クザーヌス）の美学は、完全に西洋近代美学と符合する。どの美学者の理論と一致している、というわけではない。しかし、理論家たちの個性を平均化して、「西洋近代美学理論」と呼べるようなものを考えるとすれば、それは大西の美学だ、と言えるほどに正統的な西洋近代美学なのである。「多様の統一」や、「理念の感覚的顕現」、「現象における自由」、「有限の仕方で表現された無限」といった美の近代的定義が、「対立物の一致」の構造をもっていることに注目しよう。そして、この対立物の一致を具現したのが、特に美的な象徴であることを想起しよう。シェリングは象徴を「普遍と特殊が絶対的に一であること」として定義した（これがかれの美の定義である「有限の仕方で表現された無限」と一致することにも、注意しよう）。

何故このようなことになったのか。それを問うことは、この理論の形成過程を考えることであり、それはそのスタイルを明らかにすることにつながる。先ず、右にわれわれは「感情のエロス」の直観に、大西の一つの原体験を見出したのだが、この原体験はそのまま美学体系の原理となるような性質のものではない。この日常生活における経験が美学の原理となるためには、そこに近代美学の「対立物の一致」の構造を読み取る必要があった。個人的な経験から理論を展開するという契機はあったものの、理論化に当たっての参照枠あるいはモデルは、あくまで西洋近代美学だった。

「序にかへて」のなかで、著者から直接聞いたこととして竹内は次のことを特筆している。「大西先生の（少くとも教授に就任されたころから後の）研究を通じて一貫するライトモティーフは、従来主として西洋において発達してきた美学思想を十分に咀嚼し、現代における斯学の最高水準にたつて美学史上の諸学説に徹底的批判を加へるとともに、特に東洋の美意識とこれにもとづく藝術の特性をかへりみて、この観点から西洋的一面性をもつと思はれる既往の美学を補正拡充し、かくして独自の純正な美学体系を建設することにあつた。西洋の美学をふまへつつあらたに《日本人としての立場から》この学を組織することが自分の素志であるとは、過日も先生みづから私に語られたところである」（三頁）。大西の意図は明らかである。そして大西美学としてその独創性をうたわれるときには、特に『美学』下巻の「美的範疇論」に組み込まれた「幽玄」「あはれ」「さび」などの日本美学の伝統的概念の理論化が強調されることが多い。勿論、《日本人としての立場からの美学》とは、本書におけるわたくしの主張と一致する。その意味では、われわれがここで検討すべき問題と言えるかもしれない。しかし、額面は同じでも、この《日本人としての立場からの美学》の内実は、大西とわたくしとでは大きく違っている。わたくしが第一に求めているのは、日本的な概念について考察することでもなければ、それを組み込んだ美学体系を構築することでもなく、くりかえし言っているように、わたくしのそしてわれわれの生活の基盤に立つ本音の美学を実現することなのである。そして大西の美学の実質は、少なくともわれわれが検討している「直観と感動」の章の内容に関する限り、完全に西洋近代美学志向的なのである。

そこで先ず、大西の理論が偏りのない立場を取ろうとしていることに注目しよう。確かに大西によれば、直観なり感動なりのいずれかに偏った理論も、体系化を介して美的体験の全体を考えるときには、おのづからその偏りを脱して直観即感動の真理に達する。しかし、大西は始めから直観もしくは感動に偏ることがない。冒頭で大西は、この対概念と相似したものとして、アポロン的とディオニュソス的、古典的とバロック的もしくはローマン的などの様式類型を挙げていた。さらに、これらに対応する性格学的類型にも言及していた。すなわち、美学者はその性格上の個性に従って、直観と感動のなかで偏りを見せることが当然なのではないか。或いは場面場面によって、正反対の偏りを見せ、その両面が調和にもたらされるのではなく、矛盾を残しているのではないか。わたくしは、その方が好ましいと思う。哲学がこの偏りを拒むものとは思わない。そして、エスニックであるべしとする本書の立場から言えば、哲学は積極的にこの偏りを生きるべきものである。ところが大西は、この偏りを非学問的なものと考えたに相違ない。大西は、取り上げたすべての学説に対して批判を加える。どれか一つに肩入れすることはない。この批判はかれ自身の学説からの批判ではない。また、それぞれの学説の内的な矛盾や非論理性を捉える内在批判でもない。大西の批判は、おそらく相互批判のような性格のものだった。すなわち、直観の美学に対しては、感動の美学（が存在するという事実）から批判し、感動の美学に対しては直観の美学が相対化の役割を果たした。これが、竹内の言う「徹底的批判」の意味である。大西において学問は学説批判として存在した。

このような学説批判の結果として残される立場、すなわち大西自身の理論が必然的に「対立物の一致」という性格をもつことは、自明である。それは、近代美学の理論内容の問題である以前に、かれの学問観やその学問観に基づく研究方法の直接の反映である。では、この方法論の反映としての「対立物の一致」と、西洋近代美学のスタンダードな学説として大西が摂取した「対立物の一致」とはどのような関係にあるのか。方法と学説が相互に原因の役割を果たしたという説明、すなわち、かれは美学を研究していたがゆえにあのような学説批判的な方法をとり、逆にそのような学問論を抱いていた結果として美学を選んだ、という説明は、もっともらしいが、安直で現実感に乏しい。まず、西洋近代美学があの方法論を要求する、というようなことは全くない。もしもこの因果関係を認めるとすれば、西洋の美学者たちがみな、大西と同じような方法論をとったことになるだろうが、それは勿論正しくない。逆の関係も直ちに認められるものではない。なぜなら、この学説批判としての学問というあり方は、少なくとも大西と同世代の多くの学者に共通するものだが、かれらがみな美学を志したわけではないし、大西のスタイルを継承した竹内敏雄は、美学において別の学説を構築しようとした。

このように、大西の学説批判という方法は、近代美学の内容とは関係がない。それは、端的に学習型の折衷主義であり、文化的後進国の状況を誠実に反映したものと見ることができる。(2) われわれは誰でも、新しい学問を学習するとき、何よりもまず、偏りのないその学問の「何」を知ろうとする。典型的には、百科事典の項目が提供してくれるような概説的知識である。我が国の西洋学の先達たちの最初の課題は、百科事典の項目に相当する知識を獲得し、それを標準化することだった。大西自身の自覚的な目標は、右に見たように西洋美学に対する日本的補完だった。この目標はそれなりに野心的であり、それに比して、西洋美学の標準化という仕事は、大西にとって重要なものとは見えなかったろう。確かに、標準化は日本的補完のための手段もしくは前段階、と見なすことができる。しかし、大西の西洋美学研究の方法は、まさにこの標準化を暗黙の理念としていた。すなわち、西洋美学全般にわたる広範な視野をもち、個々の特異な思想に対して等しい距離を保つことが、かれの学問にとって最も重要な要件とされたのである。これが、学習型、後進国型の折衷主義と呼んだものの実態であり、右の具体例において顕著に現れていた特色でもある。

この折衷主義に関して、特筆すべき点がある。それは、この方法に関して大西が、傑出した学者の一人であり、後世のわれわれの学問に対して大きな貢献をなした、ということである。それは次の意味である。すなわち、百科事典的な知識を得る最も簡便な道は、百科事典そのものを参照することである。それが学問としては安易に過ぎるというのであれば、西洋において書かれている解説書を参照することである。例えば、カント、シラー、ヘーゲル、シェリングらドイツ美学の黄金時代の歴史的展開を論じた書物、或いはかれらの学説についての解説書はいくらもある。それらを読んで、かれらの美学の内容を理解することである。大西もそれを行ったに相違ない。しかし、それに留まらなかった。カントやシェリングらのテクストそのものを読み、この読解に基づいてしか自らの学問的研究を展開することがなかった。この厳格な態度は、かれ独りのものではなかったが（西田幾多郎や、大西と親しかった和辻哲郎らを想起すればよい）、かれの世代においてはおそらくエリートのしるしだったであろう。しかし、その次の世代においては研究の基本条件となった。スポーツの標準記録が少しずつ切り上げられてゆくのと同じである。その結果、第一章で言及したようなディシプリンの感覚が日本の学問の世界に定着したのだ。

われわれの主題は、この方法と大西の美学説との関係にあった。大西は専門領域として既に美学を選択し、その美学のなかでこの折衷主義を実践していた。折衷主義的な学説批判を繰り返せばくりかえすだけ、その全体を包括して一つの美学説として体系化しようとするときに、その結果は取り上げた学説の総体の平均値に近づくだろう。すなわち、「対立物（対立する学説）の一致」という性格を帯びることになる。そして、体系化の原理を明確にしようとするとき、この性格がかれの意識に上ったのも当然である。かれがそれを西洋近代美学的と自覚したかどうかは、分からない。おそらく、そうは考えていなかったろう。自らの方法は単に学問的な方法であって、折衷主義だとは思っていなかったはずだ。事実、大西における「対立物の一致」は、西洋近代美学説のそれとは立脚点を全く異にしていた。近代美学説のこの特徴をしっかりと論ずるためには、おそらく一書を必要とするだろう。ここでは、数行で以下に私見を示すにとどめよう。

それは西洋の近代思想全体の特色と密接に関わっている。近代思想は人間の創造力を称揚する人間主義である。宇宙のなかで人間は、中間的存在として性格づけられるのが、伝統的な考え方だった。心身の二元論がこの中間性の根底にある。近代の直前（或いは近代の初期）におけるこのような人間観を、パスカルのなかに見ることができる。フランス古典悲劇の唯一のテーマである「理性と情念の葛藤」は、パスカルにおいてそのキリスト教的な世界観の根幹を形成する原理となる。「人間が獣に等しいと信じてもいけないし、天使と等しいと信じてもいけない(3)」というのが、パスカルの根本的な人間観である。人間は単なる獣でもなければ天使でもなく、獣にして天使、半ば獣で半ばは天使、だから惨めであると同時に偉大な存在だ（第四一五～一六番）。興味深いのは、人間の偉大さをなすこの理性的＝天使的な現実を、パスカルが反省的認識の働きのなかに見ていたことである。「要するに、人間は自分が惨めであることを知っている。だから、彼は惨めである。なぜなら、事実そうなのだから。だが、彼は、実に偉大である。なぜなら惨めであることを知っているから」（第四一六番）。勿論、「考える葦」（第三四七番）という有名な言葉の意味するところである。反省的認識において、認識される事柄と認識する働きは完全に別個の二つの事実である。前者は惨めさであり、後者は偉大さだ。人間は一つの現実というよりも、二つに引き裂かれた中間者である。

パスカルは人間の創造力を未だ知らなかった。その点で、かれの人間観は前近代的である。近代人は特に藝術において自らの創造力を自覚した。藝術の実現する美は人間の理想像ともなった。そこで美は「反対物の一致」と見られたが、その一例としてヘーゲルの定義を想起すれば、これが伝統的な中間者としての人間という考え方の同工異曲であることが判るだろう。美が「理念の感覚的顕現である」というのは、要するに理性と情念の一致ということである。しかし、違いもまた明らかである。パスカルの反省的意識において獣と天使は矛盾的に同居している二つの事柄だった。美において二元性は超克されている。二つのものが一つに融合してこそ初めて美と言える。カントは美が特に人間的な現象であることを、明瞭な言葉で、しかもパスカルの反響とも聞こえる言葉で指摘していた。大西自身の訳で引用すれば、次の通りである。「美は唯人間、換言すれば、動物的にして、しかも尚理性的なる者――併しながら又単に理性的のみなる者（例へば霊体）としてではなく、同時に動物的なるものとしての人間――にのみ妥当」する、というのである。(4) 美はそのなかに緊張をはらんでいるが、一つの調和的現実である。美は近代人に、理性による情念の、精神による身体の制御とは別の、人間としてのあり方を教えた。

これが、西洋近代美学における「対立物の一致」のもつ意味である。大西はこの思想を勿論よく知っていた。そしておそらく共感してもいただろう。しかし、日本の近代人としてのかれの実存の基盤は、西洋文化の学習にあったのであり、近代における西洋人たちの歴史的課題と同じ場所にいたわけではない。かれの「対立物の一致」は、西洋近代美学とは全く異質な基盤から生まれた思想だったのである。

c　美学のスタイルにおける五十年間の変化

以上、大西の美学におけるスタイルを考察しながら、その最も外形的な面にはふれなかった。すなわち、そのディスクールのかたちそのものである。およそスタイルは、創造の構想や過程のダイナミズムがあとに残したかたちである。だから、この外形的な相はスタイルにとって本質的なものだし、模倣の対象とされて、ディスクールの再生産を規定するのは、まさにこの位相におけるスタイルであるから、本章におけるわたくしの議論にとっても重要である。それゆえ、いま、現在の目から見てのスタイルの違いという観点から、このかたちを検討するのがよいだろう。早速その特徴を列記することにしよう。大西の美学的著作のディスクールは、かたちの点で次のような特徴をもっている。

（1）大西のディスクールには、節やそれ以下の区分がない。

（2）それはまた、注をもたない。

（3）書誌的データを明記しようという意思が希薄である。

（4）他人の学説に論及する際にも、大西は要約を基本としていて、語句や文章の引用は稀である。

（5）文体の点では、個々のセンテンスが相当に長いことや、頻繁にドイツ語の単語や句が、音を写したルビの形や、或いは括弧にいれた原語の形で挿入されていることなどが目につくが、文法的に曖昧なところはない。総じて、「私」を排除した三人称的（あくまで三人称的）な「学問的文体」を示している。

(5)は後で考えることにして、他の四点、特に(2)〜(3)は、今日の哲学における標準的な研究論文のスタイルとは明らかに異なり、或る古めかしさを感じさせる。スタイルにおけるこの年代的な変化には、さまざまな要因があるに相違ないが、最も大きく決定的なのは、欧米における論文のスタイルの変化である。われわれの論文のスタイルは現在の欧米のそれと等しく、大西のそれは、かれの同時代のより以前の欧米、特にドイツの哲学論文のスタイルを基調としている。(5) そして、この半世紀間の変化は、アカデミックなディシプリンの厳密さへの方向、すなわち立論に際しての証拠の客観的な正確さと論理の緻密さについてのより高度な要求を標準化してゆく過程だった。個々の点を見てゆくことにしよう。

先ず(1)だが、aに示した要約はこの章が四つの部分に分節されているという分析に立っている。四つに分節しうるというこの事実は、かたちの上では示されていなくとも、大西が潜在的にはこの分節を行っていた証拠だ、と主張することも可能である。しかし、わたくしはこれを疑わしく思う。大西が論述の順序についてラフなプランを立てたことは間違いない。それなしに、四百字換算で六十枚を越える論考を書くことは、難しい。しかし、このプランが節の区分と同じように截然としたものだった、とは思われない。最初(序節に相当)と最後(「余論」)の部分の性格は明瞭だ。問題は本論に相当する中間の二節である。この部分の分節はやや曖昧で、その曖昧さは特にP・ホフマンの説の紹介の部分に現れている。[6] そして、この二つの部分の違いもしくは関係について、大西の説明は曖昧であるように思う。この点から見て、大西のスタイルは基本的に節以下の論理的分節をもたないものである。

このような構成は、一本線の語りの構造と見ることができる（この語りの構造については、当然(5)に関連して考えなければならない。後に再論することにする）。論理的構築の立体性（その極限がヴィットゲンシュタインの『論理哲学論考』である）とは異質な原理だ。現在でも、この形を取る論文はある。それはアカデミックな性格の希薄さを印象づける。少なくとも、学界にデビューする若手研究者の論文ならば、一つの欠点と見なされるだろう。わたくし自身の経験でも、節の分割なしの書き方をしたいのは、論理的な構築性を求めていないときに限られる。そして、そこに節の分節を与えてみると、論理の甘さが見えてくる。だから、(1)は(2)〜(4)と密接に関連している。節の分節を明示せずに詳細な注をつける、というようなスタイルは殆どイメージできない。

(2)〜(4)は一括して論じよう。取り上げている一章のなかで、出典の明記されているのはただ一か所しかなく、[7] そこには更に、例外的に、その論文の主要部分の長い引用がある（この直前にもデーメルの言葉の引用があるが、章全体を通して、語句の借用を除けばこれ以外に引用はない）。引用したあとで、大西は言う、「此の人（＝ハンス・レッシュ）の説は、稍々特異の考へ方を含んでゐるので、此処ではわざと原文の一部をその儘に訳出した」（九三〜九四頁）と。つまり、少なくとも欧米の論文について、引用を行うことは「わざと」することであって、当然のことと考えられてはいない（面白いことに、中国や日本の古典的テクストについては、大西は解釈もしくは説明なしに引用することが多い）。これはわれわれの論文の標準的なスタイルとは全く違う。

大西が出典を明記しなかった論者たちの多くは、半世紀後の読者であるわたくしには、見慣れない名前である。例えば、この第一章で大西が最も詳細に紹介している「P・ホフマン」という論者を、わたくしは知らない。これが論文なのか著書なのかも、そのタイトルも、また出版データも、大西は記していない（巻末に文献表があるわけでもない）。言及されている「フランクル」や「クツニッキー」も、わたくしには未知のひとである。大西の想定していた読者の間では、これらの著作は明記するまでもなく理解された、ということがあるだろう。そう考えるならば、この読者の範囲は極めて狭く、同時期の一握りの専門研究者に限られる、ということになる。一般に、注のついている本や論文は専門的で難しい、と見られている。それは今の基準であって、大西の場合にはあてはまらない。注のないことが、閉鎖的な専門家集団の流儀のしるしとなっている。また、出典を明記しない理由としては、出典を理解してもらう必要をみとめなかった、或いはそれが要求されているとは考えなかった、という面も看過することはできない。今われわれは出典の注記を不可欠と見ており、それが現在の論文のスタイルとなっている。同様に、大西がこれを不可欠と見なかったのは、かれの理解していた論文の書き方《スタイル》がそういうものだったからだ。しかし、スタイルが異なるということは、そのスタイルの背後にある学問観が違うということである。その点をこそ問わなければならない。

出典の特定を無用と見るのは、そこでなされている紹介だけで十分と考えるからである。では逆に、今日、出典の明記は何のために必要と見なされているのだろうか。第一には確認のためである。たとい学説の紹介であっても、それが正確にもとのテクストに基づいていることを示すために、われわれは出典や典拠を明記する。要約の場合には、特に再吟味の必要度は高い。元のテクストから離れるほど、誤差が大きくなりがちだからである。引用でも語句や短いフレーズの場合には、文脈的な理解が正確かどうか吟味の必要なことが珍しくない。吟味の結果、不正確もしくは誤りと見られるところが見つかれば、そこから批判と議論の可能性が拓かれてゆく。しかし、この確認は、基本的に文献学的なものである。テクストそのものを問題にする文献学では、テクストのどの部分を問題にしているかを明記することなしには、一切の議論が始まらない。自らの思索を展開する哲学の場合に文献学は無用、という考えも、差し当たり無理がない。

　無理がないと言えるのは、たとい確認によって問題が見つかったとしても、主題となっている議論の大勢に影響がないからである。言い換えれば、確認によって問題が見つかる可能性がない、というわけではない。美学史の研究の場合ならば、この可能性は議論の本質に関わる。それにもかかわらず、美学史研究の場合にも大西は同じ態度をとっている[8]。それは見ようによっては、《わたしの要約と説明は正確だから検討は無用だ、わたしの言葉を信じよ》と言っているかのような、印象を与える。しかし、それはおそらく正しくない。大西は、自らの美学を論ずる文脈でホフマンという学者の説を紹介する場合であれ、ロマン派の美学を論ずる文脈でシェリングやゾルガーらの思想を描出する場合であれ、もとの思想や学説を正確に理解し正確に伝えることを当然の課題と認識していたし、その課題を果たしたと自覚していたはずである。その誠実さを疑う理由は全くない。それでもなお、かれの書き方《スタイル》は検証を拒むものとなっている。何故なのか。

　検証を拒むと言うのは不正確で、検証を必要とは思わなかったと見るべきであろう。そして検証を重要と思わなかった究極の理由は、解釈の複数性についての意識を欠いていたからだと思う。伝聞によれば大西は、「ドイツ美学や日本美学などというものはない。ドイツ数学とか日本数学などというものがあるかね」、と言うのを常としていたらしい。学の普遍性に対するこの確信は、当時の学問観の一部である。今日のわれわれにとって、解釈の複数性、すなわち別の理解がありうるということが、学問の最も基礎的な事実と見られているのと、同じことである。今もしもわたくしがロマン派の美学を学問的に論ずるとすれば、その議論はあくまで一つの解釈として、他の解釈と対抗するものとして呈示することだろう。もしも、議論が他の解釈と対決するところまで熟していなければ、それは単なる概説的な紹介と見なされることだろう。概説とは、さまざまな解釈が生まれうるような問題に踏み込むことなく、誰もが異論なく認めるような明白で表面的な思想的事実を概観するディスクールのことである。

この意味で、今日の基準に照らして大西の美学史研究を見ると、それは概説的に見える。しかし、実態はそうではない。大西の時代の日本の学者のあいだでは、解釈の個人的な偏差についての意識が希薄で、そのために理解や解釈は一義的なものと考えられていたように思われる。勿論、差異はある。正しい解釈と誤解の違い、そしてより深い理解と浅薄な理解の違いはみとめられていた。しかし、同じように正しくかつ深い解釈が幾つも存在するというようなことは、視野の外にあった。そのような事例に出会ったときには、視点の違い、すなわち専門領域の違いが唯一の説明原理となったのではないか。「これは心理学的であって美学的ではない」、というような判定である。勿論、学問の違いが異なる解釈や考えを生むことは当然であり、この事実はいまでも繰り返し指摘されるところではある。

しかし、一義的な正しさを理念とする学問のなかでは、現実に生まれる多義性を説明するために、この専門領域の違いが極度に強調される傾向にあったのではないか。大西やその後継者だった竹内敏雄らの世代の美学者たちのなかにおける「美学の自律性」についての強い意識の背後には、このような学問観が横たわっているのではないか。

こうした特徴は、(5)に集約的に現れてくる。大西の文体は論文の文体として標準的なものかもしれないが、この標準的な文体自体、かなり不思議なものである。その特徴を言い表すのは難しいのだが、《私ぬきのモノローグ》と形容してみよう。事実、一人称単数の「わたし」は一度も出てこない。西洋語風の「著者の《われわれ》」が採られる。頻繁にではないが、例えばわれわれの取り上げている章の最後は、「……と考へる方が適当であらうと吾々は思ふのである」となっている。ところが、これと同じ性質の意見の表明において、主語の「吾々」が省略されることが珍しくない。一例を挙げよう。「是が吾々の考へ方であるが、斯くの如き見地に立って検討して見ると、かのフィードラーの如き直観(感性的)の一方に偏した説は、《美意識》(《藝術意識》)を《認識》の意識に還元してしまふ立場を主張するものでなければ、結局《美的意識》の特殊なる《構造》を見誤つたものといふほかはなからうと思ふ」(九六〜九七頁。ここには上述の美と美学の自律性という意識の現れを見ることができる)。「思ふ」の主語は明記されていない。これは日本語としては自然である。当然、話者の「わたし」が前提されている。ところがここでは始めに「吾々の考へ方」という一句があり、著者が「思ふ」の主語として想定していたのは、「わたし」ではなく「われわれ」らしい。西洋語の文章上の慣習と、語り手の主語「わたし」を明記しない日本語の文法とが交錯して、違和感を残す。「吾々」の使用と

「私」の消去とは相俟って、三人称的文体の印象を生み出す。すなわち、これは唯一の真理を記述している文体なのである。「思ふ」は著者の判断を示す。それにもかかわらず、この文体のなかでは、それは「われわれ」の「正しい」判断なのだ。

現在の論文の文体は、大筋では大西のそれと変わらない。「私」を消去した三人称的文体である。それは更に徹底している。「思う」とさえ言わないのが普通だからである。しかし、それは絶対的に正しいことだけを語っているからではない。学問とは「私」を持ち込むべきものではなく、テクストを問題にするにせよ経験的事実を論ずるにせよ、真実をして語らしめるべきものだからだ。この文体的事実と、注を不可欠とする解釈学的多元論の意識との間には、根本的な矛盾がある。しかし、両者が整合的に重なり合うところに、われわれの学問の現実がある。それは哲学のなかの思想的な部分の抹消と、哲学史的研究への場の縮小である。思想的部分の抹消と言えば、多くの哲学研究者が抗議の声を挙げるかもしれない。しかし、殆どの場合、かれらの「思想」はプラトンの、デカルトの、或いはカントの研究と解釈を通して語られているにすぎない。かれらのディスクールの構造をなしているのは、これらの研究の論理であって、かれらの思想の論理ではない。大西の場合と比較してみれば、微妙ではあっても、決定的な変化が起こっていることが判る。大西は、正しい美学、言い換えれば偏りのない美学を求めて、西欧の美学の諸説を批評的に吟味し、その平均値を出そうとする。いま、われわれにとっては、平均的美学ではなく、欧米の個々の美学説が研究の対象である。この主題の限定と、論述のスタイルは相関的だ。論述はどこまでも厳密かつ客観的でなければならない。この学問的ディシプリンの点では、半世紀間の進歩は目覚ましい。その要求に応えようとすれば、哲学もまた研究に力点を置くほかはなく、哲学において研究の主題となるのは哲学の古典的テクストを措いて他にない。いきおい、主流は哲学史、美学史の研究となる。これがアカデミズムの成熟であることは間違いない。フランスの大学における哲学の傾向を思い起こそう。アカデミズムそのものが哲学の哲学史への集約を導いているのである。

アカデミズムの成熟、哲学の学問としての成熟は、思想としての哲学の、言い換えれば端的に哲学の衰弱である。これを一般的な言葉に翻訳した方が分かりやすいかもしれない。この状況はすなわち、批判力の肥大、創造力の衰退と見ることができる。勿論、学問とは批判である。しかし、哲学は創造的な学問でなくてはならない。本書においてわたくしは、独創的な思想を生み出すべしと主張しているわけではない。西洋哲学のテクストの研究に偏るだけでなく、仲間の仕事との批判的対話を欠いて、いわば中空に浮遊しつつ研究を展開していることが異常であるということ、そして、われわれ自身の生活《エスニック》の基盤のなかから問題を汲み上げてゆくことが必要であること、そのような問題は同じ生活圏に生きる哲学者たちによって共有されるはずであること、これらを指摘し主張しているにすぎない。思想の方向に向けて、最初になすべきことは、アカデミックなスタイルの打破である。わたくしは哲学において研究が無用であると言うのではない。研究においてしかディシプリンの感覚は養われないし、ディシプリンぬきの思想は思想の名に値しない。しかし、アカデミックなスタイルの独占状態は、実質的に思想への道を鎖す役割を果している。それを打破しなければ、われわれの哲学を創造する可能性はない。

2　思索としての哲学を阻むスタイル

a　宮台真司の権力概念

以上われわれは、過去半世紀の間に、美学を例としてわれわれの哲学のスタイルがどのように変化してきたかを考察した。この哲学のスタイルが特異なものであることを見極めるために、他の分野との比較を行いたい。比較項として社会学を選ぼう。社会学が哲学から独立するようになって、ほぼ一世紀になる。しかし、日本における社会学の脱哲学的傾向は行き過ぎではないか、という印象をわたくしはもっている。社会学は哲学であることを脱して何になったのか。実証科学に、である。おそらくその通りであろう。社会学者たちもそう思っているし、哲学の研究者たちもそう考えていると思う。哲学者から見れば、哲学であることをやめた社会学には思想性がなく、現実の社会のなかの傾向や変化などの事実を確認しようとしているにすぎない。しかし本当にそうだろうか。ここに反省を促す事実がある。理論社会学の分野では、平均的な哲学の論文以上に思索的な論考がある。勿論、問題はあくまで、スタイルの違いとそこから生じる学問の性質の違いである。

ここで取り上げるのは、新進の社会学者として知られる宮台真司の『権力の予期理論』(9)である。わたくしは社会学者の仕事をよく知っているわけではなく、この分野の多くの著作のなかから特にこれを選んだわけではない。加えて、権力というテーマはわたくしにとって疎遠なもので、様々な研究との比較によって宮台の説を評価するようなことはわたくしにはできないから、無知ゆえの誤りを犯す恐れは大いにある。ただ、課程博士の学位論文となったこの著作を一読して、その概念規定に見られる卓抜な洞察に感銘を受けた。そして、美学を含めて哲学の分野では、それは決して生まれないだろう、という慨嘆を覚え、それが本書の構想の一つの遠い契機になったように思われる。このような機縁もあって、われわれの哲学のスタイルのもつ限界（或いは場合によっては障害）を浮き彫りにしようとするに際して、これほどよい比較項は見当たらないのである。

権力が哲学的な主題であることに疑問の余地はない。ただ、われわれの周囲において哲学者と目される人びとの多くは、これにあまり強い関心を示すことはないだろう。哲学のスタイルとは異質な理論構築として宮台の説を取り上げるに際して、先ず哲学者の概念規定を参照したいと考えたが、早速障害にぶつかってしまった。定義の形をとった概念規定としては、平凡社の『哲学事典』のなかのものが見つかったのだが、それは、書き方《スタイル》から見て、哲学者の手になるものではない、と思われるからである（筆者が社会学者なのか政治哲学者なのか、わたくしには判らない）。それでも、宮台の思考の柔軟さとユニークさを示すための役には立つだろう。次のようなものである。

権力とは、一定の生活価値の社会的配分体系の正当性への一般的承認にささえられて、潜在的な社会的圧力および物理的強制手段を動員して、一定の生活価値の社会的配分体系を決定、維持、変更する能力をいう。(10)

回りくどく平明とは言えないが、二三度読みなおせば誰にも理解できる。ここで「生活価値」とは「財貨、知識、名誉、尊敬、快適など」であり、『社会的圧力および物理的強制手段』としては「訓戒、叱責、罰金、罷免、除名、身体的拘束などから生命の剝奪、または剝奪の威嚇」などが挙げられている。ここで権力として考えられているのは、明らかに公権力のことである。それはわれわれの常識的な権力概念でもある。このことを押さえたうえで、宮台の説を見ることにしよう。ここで取り上げるのは、その著作の全体ではなく、主としてその第一章だけである。ここで「権力の概念規定」が行われている。

宮台は、権力がさまざまに議論されている以上、そこに「或る抽象的な意味論的な共通成分」があるに相違ない、と考え、それを抽出しようとする。この共通成分とは、われわれが何かを「権力」として体験しているときの、そのものの性格のことである（二六、二八頁）。そこで、かれが具体的事例として挙げるのは、ピストルを構えた強盗に金を出せと脅迫されている状況とか、試験の結果における及第と落第の結果を睨みながら、遊ぶか勉強するかの選択に直面している生徒の場合などである。そして、この権力の《体験》とは、「『本来やらなくてもよい（orやってもよい）はずのことをやらされよう（orやめさせられよう）としている』という反実仮想的《体験》」（二七頁）である。念のために、具体例に則してパラフレーズするならば、《本当は遊びたいのに、落第させられる恐れがあるので、仕方なしに勉強する》というようなことだ。

ここで権力の実態は、或る決断（勉強をする）を下す際の「動機形成」が受ける「圧力」（二九頁）に他ならない。この「圧力」は未だ圧力に過ぎず、力として行使されているわけではない。だから、突きつけられたピストルがモデルガンだとしても、それを弾の込められた本物と思っているかぎり、権力は体験される。「可能的服従者の一定の予期が存在しさえすれば権力的体験が生じる」(二一頁)。ここに宮台の言う「予期理論」の核心がある。確かに二つの意思があって、それが衝突している。強盗とその被害者、試験を実施している教師と生徒である。しかし、この体験のなかで問題となっているのは、強盗や教師の現実の意思(「選好 preference」)ではなく、被害者や生徒が想定している強盗／教師の意思であり、この「圧力」の体験は、かれらの心のなかの葛藤というかたちをとる。社会学者は、勿論、心のなかの葛藤などという言い方はしない。宮台の規定は次のようなものである。「……一定の選好構造(権力を体験している被害者や生徒の「やりたいこと」)と予期構造(かれらが強盗や教師のもっていると想定している「好ましさ」の序列)とが存在するとき、i(被害者／生徒)は、後続するj(強盗／教師)の反応を予期した上で、最適の社会状態y(本当はやりたいこと)を開示する行為選択を諦め、次善の社会状態xを開示する行為選択に甘んじざるをえない」(一九頁)。ここに宮台の権力の捉え方、考え方を十分に見てとることができる(一層ソフィスティケートされたかれの「権力の一般的定義」には、あとで言及する)。

b 『哲学事典』と宮台説

以上のように宮台の概念規定を紹介した上で、最初に掲げた『哲学事典』の「権力」の定義との比較を通して、その特徴を指摘することにしたい。先ず最初に目につくのは、宮台が例としたモデルケースのうち、少なくとも強盗の「権力」については、『事典』の定義が全く適合しない、ということだ。その不適合は二つの点にわたる。第一に、『事典』が公権力を問題にしているのに対して、これは全く私的な権力である。そして、第二に『事典』の定義が「正当性」を一つの契機として取り込んでいるのに対して、強盗に正義がないことは明らかだからである。『事典』の立場からすれば、宮台は権力の事例とは言えないものをモデルとして理論化を行った、ということになる。いずれの立場が正しいのか。或いはいずれにより強い説得力がみとめられるのか。

『事典』が正当性を権力の契機として書き込んでいる理由は、明記されている。すなわちそれは、権力の「物理的強制力の行使が単なる暴力と区別して考えられ」、またそれが「《妥当なもの》、正義の実現として意識される配分体系の維持のために発動される」からである。これは権力の本質規定なのか、或いはむしろそれの正当化なのではないか。別の言い方をするならば、権力の概念のなかには価値の契機が含まれているのかどうか、ということである。例えば「暴力」の概念には《不当な》という負の価値の契機が書き込まれている。それと同じように「権力」に《正義の》という正の価値契機が含まれている、と言いうるだろうか。そのように考えるのは行き過ぎと思われる。「腐敗した権力」は矛盾概念ではなく、権力に最も似つかわしい形容であろうし、「正義を体現した権力」は同語反復的な形容ではない。また「暴君の権力」は権力を僭称しているわけではなく、むしろそこに権力の典型が見られる、と言うべきだろう。『事典』の定義はこれらの言語使用に反し、従ってわれわれが理解している権力の概念から逸脱している。

『事典』の定義について、わたくしが特に曖昧さを感ずるのは「生活価値の社会的配分」と「潜在的な社会的圧力および物理的強制手段」との相互の関係である。説明はないが、定義そのものから見て、両者は目的と手段の関係として考えられているらしい。そして、この手段は純粋な力として表象されている。ところが、その具体的な枚挙を参照してみると、「生活価値」とは「財貨、知識、名誉、尊敬、快適など」であり、「社会的圧力および物理的強制手段」とは「訓戒、叱責、罰金、罷免、除名、身体的拘束などから生命の剝奪、または剝奪の威嚇」のことであって、両者の間には相称的《シンメトリカル》な関係が見える。すなわち、前者は正の価値を表し、後者は負の価値を表している。しかも、この正負は等しく権力によって服従を強いられる立場のひとから見ての正負であり、相関的な比較考量の可能な関係にある。事実、宮台はこの比較考量とそれに基づく選択を権力の概念規定の中核においた。「生活価値」の方は、権力の圧力を受けている当人の「選好構造」と呼ばれ、「圧力・強制手段」の方は、同じくかれの「予期構造」（すなわち、かれが権力をもつ側の選好構造として表象しているもの）と呼ばれ、これらの組み合わせが当人の可能な選択肢を形成する。強盗の例で言えば、《金を出す／出さない》《撃たれない／撃たれる》の2×2＝4の選択肢が生まれる。「金を出さないし、撃たれもしない」が最も望ましいに違いないが、それはありえないことと予期されるので、（希望をこめて）「金を出して、撃たれない」を選び、最善を断念せざるをえないところに権力を体験するわけである。

宮台のこの規定は、権力の体験に明らかにより近い。権力に直面しても、われわれは明らかに或る選択を行っている。《命を賭して権力に抵抗する》というようなことが、確かにある。これに対して『事典』の定義は硬直している。「生活価値」は絶対的に正しく、「圧力・強制力」もまた有無を言わせぬ絶対的な力であり、支配される側の自由な選択の余地は考えられていない。つまり、この理論は体験の現実を正しく反映していないし、《命を賭して権力に抵抗する》は説明できない。

このように見てくると、当然のことながら、宮台説の長所は権力を体験の地平において捉えようとしたところにあることが分かる。体験の地平で捉えるということは、「予期」の視点をとることに他ならない。「圧力」は予期というかたちで体験されるからだ。これに対して『事典』は、権力を客観的構造として捉えようとしている。ここに至って両者の対立は、主観主義と客観主義の様相を呈してくる。宮台の説に従えば、「予期」のないところに権力はないが、『事典』では誰が予期しようとすまいと、権力は厳然として存在する。ここでわたくしは、われわれの日常生活のなかで、公権力が遠い存在である、という事実を思う。悪代官の支配する町では、「権力」は遍在し、いつ理不尽な圧力が襲いかかってくるかもしれない。幸いなことに、われわれの社会はそうではない。不断は、公権力の存在を感じることもない。だから、われわれの体験する権力は主として私的なものであるか（強盗、いじめ、借金取りなど）、公的なものであっても日常生活的な性格のものなのだ（教師もしくは学校、お役所仕事など）。宮台の説はこの現実に対して忠実な視点に立っている。

勿論、このような視点は、そもそも権力という主題に適合しない、という批判もあるだろう。真に権力と呼ぶべきは、国王、大統領、国家といった公権力である、という考えである。宮台の権力論が、積極的に公権力を理論化しえているか、という疑問があるだろう。宮台の権力理解、権力概念の記述は、現象学的である。「予期」とは権力の意識に対する現象形態に他ならない。「最適の社会状態」を語っていても、その社会とは、差し当たり二人を成員とするミクロな社会（一般常識的には、これを社会と呼ぶことはない）にすぎず、普通に権力（すなわち公権力）が問題となる場面としてのマクロな社会は見えてこないから、この分析は社会学的というよりも哲学的な印象を与える。しかし、宮台はこの権力論を社会そのものの成立基盤そのものを説明するためのものとして構想している。宮台にとって権力という主題は、「人間の自由と社会の存続を調停する」（八頁）という極めて根本的な課題を解くための鍵である。この場合、選択への圧力としての権力が、自由に対立するものとしての「社会」の側に位置づけられていることは間違いない。そして、権力を内に秘めた社会として宮台が念頭においているのは、絶対制の社会ではなく、われわれの住んでいる資本制の社会である。それは、社会そのものが自ら自己の存続を図るような仕組みになっている社会である（宮台は「定常システム」と呼んでいる）。この再生産のシステムを可能にするものとして権力が注目される。その「権力は選択自由を前提にして働いている」（二一頁）からである。——宮台が例として挙げているのは「付従契約」と呼ばれているものである。契約である以上、結ぶ結ばないを選ぶ自由は認められている。しかし、その契約を結ぼうとすれば、その条件は一方的に押しつけられてくる、というものだ。僻地に住んで、他の交通手段がない場合、移動したいひとはＪＲの切符を買う（すなわち契約を結ぶ）ことへの圧力を強く受ける。しかし、その場合、乗客は契約条件に関してＪＲの定めたものを受け入れる他はない。——

では、右にみた宮台の権利概念の分析のなかに、マクロな社会制度の問題への適用を可能と思わせるものがあるか。右に紹介したかぎりの分析と規定のなかには見いだしがたい。勿論、その「抽象的」な規定は、そのままマクロな社会現象に適用されるべきものだが、さしあたりは、この対象の急激な拡大にわれわれのイメージがついていかない。しかし、宮台の分析はその他に、具体的な指摘として、マクロな社会への拡大を示唆するものを二つ含んでいる。その第一は「権力的体験にとって、人称的な契機は偶有的なのではないか」（二〇頁）という指摘である。試験を実施する教師は、生徒にとって普通「権力者」として見える。しかし、採点の基準が厳格に決められていて、教師に裁量の余地がない場合を考えると、かれに権力はないことになる（人称は第四章の主題となる）。権力は制度全体へと拡散し、のっぺらぼうのカフカの『城』のような相貌を現わす。

もう一つは、宮台が「弱い権力概念」（二八頁）と呼ぶものに関連して論じている「第三者としての権力体験」（三二頁）である。すなわち、当人は権力の要求する行動を、既にすすんで行おうという気になっていて、権力の圧力を感じていない。それにもかかわらず、周囲の第三者がそこに権力の介在を知覚することがあり、そのことを通して「権力の存在が学習されてゆく」。このような学習は「社会的権力の形成に通じた、権力強化の重大な戦略」となる（同）。このような第三者として宮台は「理論的観察者」（すなわち社会学者、哲学者、法学者、或いはジャーナリスト等々）を特筆する。かれらの観察結果は、社会の成員に伝えられ、「弱い権力概念」の体験しかなかった人びとのあいだにも、圧力を知覚する筋道がつけられてゆくことになる。

c　宮台のスタイルと哲学のスタイル

これまで宮台真司の著作『権力の予期理論』を取り上げて、その理論のあらましを記述してきたのは、スタイルの点で、このような研究が現在の日本の哲学では生まれにくい、ということを語りたいためだった。宮台の論文は社会学のなかでも特異なものであるかもしれない。この研究は理論社会学に属するもので、調査や統計を駆使した実証科学的なものとはスタイルを異にする。それは体験と観察を基礎とした上での思弁と論理的な操作とによって構築された研究である。また、権力という主題に関する古典的もしくは標準的（有力な）な理論、すなわちウェーバー、パーソンズ、ルーマンらの理論は繰り返し論及される。これらの点で、それは哲学の議論と遠いものではない。また、主題に対する宮台のアプローチが現象学的であることは、右に指摘したところでもある。この「哲学的なスタイル」は、例えば大学院における宮台の直接の指導教官だった吉田民人にも見られる[11]。

勿論、表層的なスタイルの点では、宮台の著作はわたくしには相当違和感の強いもので、読みにくい。社会学の専門的術語がその一因であることは、間違いあるまい。最も強い印象は、ディスクールが二つの層もしくは相から形成されている、ということにある。一方には、身近で分かりやすい具体例とそれに立脚する柔軟な思索がある。しかし他方では、それを理論化し表現する厳密な、或いは硬直した「学問的」表現がある。わたくしは第一の面にのみ注目して、その理論を要約した。しかし、この第二の面の一端を示すために、権力についての「一般的定義」を紹介してみよう。それは次の如くである。

> 行為者iが、自分の選択に後続するjの最適選択を予期したときに現実に実現可能だと想定する社会状態の中で、最適選好するものを「現実的最適状態」（x）という。
>
> 行為者iの了解内で論理的な可能性を構成された全ての社会状態のなかに、
>
> ①iが、現実的最適状態（x）よりも上位で選好し、かつ、
> ②現実的最適状態（x）を開示するiの選択・とは別のiの選択で開示される、
>
> という2条件を満たす社会状態（y）が、少なくとも1つ存在するとき、「iはjからの権力を

体験する」あるいは「・jから・iへの権力が存在する」という（二二頁）。

一般的な読者（哲学の専門家でもなければ社会学の専門家でもない人びと）にとって、これは哲学以上に難解なスタイルではなかろうか。ただし、語られている内容はわたくしが既に紹介した、より易しい規定と変わらない。規定の実質が変わらないということは、これがより厳密に見えるのは単なる見かけにすぎず、実は過剰な（つまりは無意味な）学問的な外被にすぎない、ということなのではないか。若い著者がアカデミックなスタイルを踏襲することは当然であり、そうしなければならないとわたくしは考えている。アカデミックなスタイルを身につけることなしに、学問を実践することはありえない。ここでの論題にちなんで言えば、アカデミズムは明らかに一つの権力であり、その圧力は先ずはスタイルを通して具体的学問的営みに対して行使される。著者は社会学におけるアカデミックなスタイルを尊重することによって、この難しい表現を生み出したのかもしれない。——或いはひょっとして、これは社会学固有のスタイルではないのかもしれない。或いはこれは、著者が哲学から学んで模倣的に取り入れたスタイルであるのかもしれない。この点の見極めは、わたくしにはつきかねる。社会学のスタイルを知らないだけではない。哲学とはいえ、わたくしは美学の学徒にすぎず、また特にこの手の「難しい」哲学を好まないので、事情に通じているとは、とても言えないからである。

では何が違うのか。本書においてわたくしが主張しているのは、ただ一つのことである。すなわち「エスニックな哲学」であり、それは自らの経験の基盤に立ち返って、そこから問題を立ち上げ、思索してゆくことである。そして、哲学のスタイルを問題にするのは、この「権力」としてのスタイルが、このような思索の阻害要因として働いている、と考えるからである。そのスタイルが、古典的テクストの理解もしくは解釈であることは、言うまでもない。宮台の研究が、わたくしにとってモデルの意味をもちうるのは、専ら、それが経験を基盤として展開された研究である、というところにある。確かに、ウェーバー、パーソンズ、ルーマンその他の人びとの学説が繰り返し論じられている。しかし、それは、それらのテクストを主題として、それを解釈するためではない。これらの古典的もしくは標準的な学説との批判的対決を通して、自らの理論の基礎固めをするためである。基本的な志向は思索にあって、古典の解釈にあるわけではない。それが重要である。

ではこれらの古典的理論への論及も、アカデミックなポーズにすぎないと見るべきか。全くそうではない。古典は新しい構想の源泉ともなれば、また創造的思索の試金石ともなる。特にこの検証過程をないがしろにするならば、思索は単なる物思いに過ぎなくなる。また、宮台は古典から、権力論がどのような論点を含むべきものであるかを学んでいる（一七頁における枚挙を見よ）。これもまた重要な点である。先ず第一にアカデミックなスタイルを習得すべき理由が、ここにある。ここで再び宮台の権力論を参照するならば、アカデミズムの単なる権力ではないところが見えてくる。宮台は「権力は自由を要請する」（一二頁）と言う。しかし、学問においては「自由（思索）は権力（アカデミズム）を要請する」と言わなければならない。これは既に圧力としての権力ではない。アカデミズムは過去に経験された知恵の集積に他ならない。

3　創造すべきスタイルの課題

スタイルが最初に習得すべきものであり、しかもそこに積極的な理由もあるとすれば、そして他方においてそのスタイルがあるべき哲学の実現を阻害している要因であるとすれば、新しいスタイルを創造する以外に途はない。そのスタイルの創造が、古典的テクストの研究や解釈ではなく、哲学的な思索の方向を目指すものであることは、言うまでもない。学問的なディシプリン（修練）の裏付けを保ちながら、どのようにしたら思索のスタイルを創ることができるのか。何事によらず創造は試行錯誤の過程を含む。特にここで問題としているスタイルとは、アカデミックな世界の共通認識を表すものだから、徐々に形成されてゆく他のないものであろう。踏みだすべき一歩があることは、はっきりしている。それを担うべきは、既に一定のディシプリンを身につけた人びとである。かれらならば、ディシプリンを崩壊させることなく思索を展開することができるはずだ。自らの生活世界のなかに明確な問題意識を抱いたひとは、それをそのまま展開すべきである。その試みが重ねられて初めて、新たなスタイルが形成されてゆく。その新しい試みのディシプリンを支えるのは、批判的意識と論理的な厳密さ、そして共同体としての学界の批判である。

一つひとつの思索や研究は、個々の哲学者あるいは研究者の仕事である。しかし、かれらの仕事は古いスタイルの規制を受けており、そのスタイルは学界の共通理解として形成されてきたものである。だから、いまスタイルの変革を企てることは、学界の意識変革を伴わざるをえない。学界（具体的には個々の学会）の役割は重要である（本書において、わたくしは個人の創造以上にこの共同体の役割のことを考えている）。スタイルの変革は、それ自体が反撥を招きやすい。思索的なスタイルは、おそらく直ちに「学問ではない、ジャーナリスト的だ」という反撥を呼ぶだろう。だが、真摯な思索に対しては学界は開いた態度をとらなければならない。思索のスタイルに対しては寛容に、しかしその思索や学説の内容に対しては積極的な批判を、というのが学界の役割である。提出された説が古典のなかに既にあるとか、逆に古典の方が有効な学説であるとか、或いは論理的に無理がある、経験に即していないなどの批判である。この批判が反論を呼び、再論を促し、更にそれ自体新しい思索へと展開してゆくと き、「われわれの問題」が生まれる。「われわれの問題」とは、われわれの文化的環境の問題であり、われわれの生きているこの時代の問題である。

宮台の著作は或る可能性を示唆している。既に指摘しておいたように、これは著者が大学院在学中の研究であり、課程博士論文となった。すなわち、思索の鍛錬が、学問的ディシプリンの形成と一つのこととしてなしうる、という可能性である。その『権力の予期理論』には、事項索引はついているが、人名索引はない。問題は概念であって、既存の学説ではない、と言っているかの如くである。更に示唆的なのは、吉田民人の『主体性と所有構造の理論』の索引である。これには事項索引だけでなく、人名索引もついている。その人名索引には、日本の社会学者の名前が幾つも挙がっており、特に平田清明の学説は吉田自身の学説形成の一つの動機となっている。そこには、相互批判と共同の論点形成というスタイルが窺われる。そのスタイルがあって初めて、宮台の著作は生まれた。

哲学と社会学は違う、と言われるかもしれない。社会学が現実の社会を指向するのに対して、哲学は永遠の問題を扱う、というわけである。しかし、「人間社会」というものに永遠の要素はないのか。永遠の要素があって、なおも刻々と変化してゆくのが社会なのではないか。哲学における永遠の問題についても、事情は同様ではないのか。例えば、自然の問題はデカルトの時代の以前と現在で、変わらずに同じだと言えるのか。社会体制の変化は道徳のあり方に必然的な影響を及ぼすのではないか。永遠を強調することが古典研究を促進し、古典研究を偏重することが永遠の幻想を広めていはしないか。存在の概念についてさえ、実存主義は本質との関係を顚倒させてみせた。ところが、われわれの哲学界においては、思索の方法として創始された現象学さえ、フッサール研究という性格を保っている。

美学では事情はより明らかである。藝術の現象は明らかに変化しつつある。日本の近代社会では、相当長い間、西洋の近代藝術（音楽におけるベートーヴェン、絵画におけるルノワール等々）が支配的な人気を保ち、これに相関して、近代美学は妥当性を誇ることができた。しかし、いま状況は変わりつつある。過去数年、慶応義塾大学における美学概論の授業を担当し、そこでアンケートとして、いま最も関心のある藝術家の名前を挙げてもらっている（ここは受講者が多いので、アンケートに最適なのである）。その結果、厳密な意味での現代の作家に対する関心がマジョリティを占めている、という事実を知ることができた。かれらが本当にその作家を理解しているのか、などということは問う必要がない。関心をもっていることは事実なのだ。また、かれらの多くが美学美術史専攻の学生で、特殊な好みの持ち主だ、ということは言えよう。一般の人気を、例えば主題や作家別に展覧会やコンサートの入場者数をもとに計ってみれば、おそらく、「古典的」な（つまり近代的な）藝術の人気はいまもなお優勢だろう。しかし、学生たちの好みの動向が、一時的なものでないならば、変化は確実に起こっている。古典的な作品への一般的な人気もまた、その意味合いを変化させているのではないか。近代美学の中心的な主題だった美や藝術の概念、美的体験の構造なども、新しい動向のなかで変容を蒙っているのではないか。それどころか、新しい状況のなかで、これらが相変わらず美学の主要な主題であるのかどうかさえ、確かなことではない。また、これらが永遠の問題であるとしても、またその概念内包や構造において永遠性を示しているとしても、それはいまのわれわれの問題意識と思索を通して確認すべきことである。永遠性を前提するのは怠惰である。現実のなかから生まれた思索を通して到達されるのでなければ、永遠は空疎な概念にすぎない。藝術創作が、われわれの哲学の創造のモデルになりうるとすれば、事柄は一層明瞭であろう。「永遠の美」を創り出したと言われる藝術家は、永遠の美を志向したわけではない。特定の状況のなかに生き、その状況の提起する具体的な課題に応えてゆくなかで、「永遠の美」に到達したのだ。この意味において、傑作はみなエスニックな藝術である。

注

1　大西克礼『美学』上下二巻、弘文堂、一九五九〜六〇年に添えられた、竹内敏雄「序にかへて」。この著書は、東京大学の講座の後任だった竹内敏雄が、著者の了解の下に出版のために尽力し、公刊された。しかし、それが出版されたとき、著者は既に故人となっていた。

2　丸山真男は、「日本思想」の一つの特徴として「無限抱擁」ということを指摘している。「異ったものを思想的に接合することを合理化するロジックとしてしばしば流通したのは、周知のように何々即何々、あるいは何々一如という仏教哲学の俗流化した適用であった。……このように、あらゆる哲学・宗教・学問を――相互に原理的に矛盾するものまで──《無限抱擁》してこれを精神的経歴のなかに《平和共存》させる思想的《寛容》の伝統……」(『日本の思想』、岩波新書、一四頁)。大西の「対立物の一致」のなかに、この日本的な心性が潜んでいるだろうか。そのように勘ぐることは可能である。しかし、大西の態度の基盤は、思想的対立を一挙に解消しようとするパトスではなく、むしろパトスを斥けて中立の立場を確保しようとする研究的な理性である。

3　パスカル『パンセ』ブランシュヴィック版　第四一八番、前田陽一・由木康訳。他に第七二番、四一二〜一三番、四一五〜一七番、四三一番、四四一番、五二五番、五二七番などを見よ。

4　カント『判断力批判』第一部第五節、大西克礼訳、岩波書店、昭和七年、九〇〜九一頁。

5　厳密に言えば、大西と同じスタイルの論文を見つけることはできない。他者の理論に言及する際にはその議論を要約する、出典も明記しない、注もつけない、というのは、後進国型、学習型のスタイルである。大西の読んでいた時期のドイツの美学雑誌の論文には、多くはないが注はあるし、引用もある。ただ、現在の研究型の論文のように神経質ではないし、基調そのものにおいて、或る学説の研究ではなく、自説の構築である。この基調を学び、素材を輸入せざるをえない立場を加味すれば、かれの論文のスタイルが生まれる。

6　これを大西はその前の部分と一つのものとするような書き方をしている(八六〜八七頁)。しかし、美的体験全体の特徴を主題とするホフマンの所説は、第二の節の主要部分(直観と感動を相互に相関的な四つの形に分け、分析的に吟味する)とは相当に異質で、美的象徴を論じていないという点を除けば、第三の部分の内容に近い(この部分も美的象徴自体を論じているわけではなく、あくまで直観と感動の「帰一」を端的に表す現象もしくは概念として、象徴を取り上げているに過ぎない)。

7　それは最後に紹介されているレッシュの論文である。「ハンス・レッシュといふ人」(九二頁)という書き方をしていることから明らかなように、この論者が一般に(予想される読者に)なじみがないという認識を大西自身がもっていたために相違ない。

8　歴史研究であるはずの『浪漫主義の美学と藝術観』(弘文堂新社、一九六八年)においても、大西のテクストの扱い方は根本的に変わっていない。なお、これもまた『美学』と同様の来歴によって出版された書物で、初版は、付録の論考を欠くかたちで、『浪漫主義の美学』として一九六一年に公刊された。

9　宮台真司『権力の予期理論――了解を媒介にした作動形式』、勁草書房、一九八九年。

10　『哲学事典』の項目「権力」(無署名)、平凡社、昭和四六年、四五九頁右。

11　例えば『主体性と所有構造の理論』、東京大学出版会、一九九一年、特に第四章に展開されている壮大な視野を参照せよ。

III　遥かなる西洋

4　テクストとパロール

テクストとパロールに対して、われわれは全く異なる反応を返す。テクストは解釈の対象とし、パロールにはパロールを以て応える。解釈は尊敬の行為であることもあるが、冷徹な詮索であることもある。パロールの応答も、尊敬を込めたものもあれば、喧嘩腰のこともある。この点では似通っていても、基本的なスタンスの点でこの二つの反応は全く違う。パロール対パロールというのは、二人称的なコミュニケーションすなわち会話である。それに対して、テクストは作品であり、解釈するとき、われわれはそれに仕えようとする。

わたくしは勿論、哲学の営みについて話そうと思っているのだ。テクストというのは古典的な著作のことであり、パロールとは生きて活動している人びとの著作のことである。会話においても、相手の言うことを理解しようとするし、不明なところがあれば問い返しもする。しかし、いつまでも、相手の意図の詮索やその言葉の整合性の吟味などをするのが会話のエチケットではない。会話の妙味は、相手の持ち出した話題について、自分の思うところを語り、文字通り意見を交わしながら、互いに新しい見方や考えを発見してゆくことにある。勿論、話題が面白くなければ、生返事をするしかない。また、座談の名手がいれば、何を話題にしても話が弾むということがある。いずれにせよ、われわれの周囲で哲学の会話が弾んでいないことは、間違いない。

　そのことは本書の主題であり、繰り返し語っているのだが、ここで取り上げたいと思っているのは、欧米人のパロールに対するわれわれの応答、すなわち「現代思想」に対する反応のことである。同じパロールであっても、相手が日本人の場合には、たといその筆者を知らなくても、同じ土俵にいるひととして認識しているのが普通である。このような場面で、かれのパロールをテクストとして扱うのは、極めて異常なふるまいのように思われる。テクストとして扱うということは、著者が既にいないかのように、その著作が自立した作品であるかのように扱うことである。言い換えれば、その著作に対して、ちょうど古典的な著作に対するように、距離を取ることである。この距離が、著者を神格化する（だから、自分の著作をテクストとして扱ってもらいたい、と思うひともいる）。

　エドガール・モランによれば、スターはこの距離によって作りだされる（『スター』、渡辺淳・山崎正巳訳、法政大学出版局、一九七六年、三四頁以下）。かれらは半神の英雄（ギリシア神話において「英雄」とは、神と人間が交わって生まれた子供を指す）さながら、生身の存在でありながら、同時にこの世ならぬ存在でもある。日本人同士だと、この距離がとりにくい。特に哲学者は殆どが大学教師であり、極めて地上的な存在である。確かに、同時代人で、同国人あるいは同じ文化圏の人であっても、スターがいないわけではない。一九八八年、初めての外国人としてコレージュ・ド・フランスの教授に迎えられたウンベルト・エーコの就任講義は、教室から溢れるほどの聴講者を集め、かれがスターであることを証明した。そのころパリに滞在していたわたくしは、友人からその様子を聞いた（自分ではでかけなかった）。エーコ以前には、バルトやフーコーがそうだった。スターを遇するみちはただ一つ、そのパロールを絶対のテクストとして扱うことである。すなわち、肉声を消去し、肉体などなかったかのように解釈することである。そもそもかれらがスターとなったのは、そのパロールがテクストとして扱われたからに相違ない。

スターをスターとして遇することに、何のおかしなところもない。しかし、スターならざるひとのパロールをテクストとして扱うことは、滑稽なことであり、相手をスターのパロディーと化するものだ。しかし、これが、「現代思想」の受容において、われわれの周囲で頻繁に見られることのように思われる。相手が欧米人であれば、われわれにとってかれらは自づから遠い存在である。世界は狭くなり、ニューヨークもパリもロンドンも近くなった。それでもメンタルな距離感は大して縮まったわけではない。日本であれば、何々大学の美学の教授と言えば、誰でもその社会的ステータスについて、或るイメージをもっている。それが正しいかどうかは問題ではない。過剰に「偉いひと」と思うひともいるだろうし、逆に過度に見くびるひともいるだろう。しかし、誰でも何かしらそのようなイメージをもつことができる。電車に乗る。あまり混んでいないとしよう。すると、誰しも一あたり周囲を見回して、乗客の品定めをしているのではないか。あれは高校生、こちらは大学生、それも運動部系、あの大学生は秀才君、向こうの美人はOL、こちらの紳士は退職してはいるがかつては一流企業に勤めていたような人物ではないか……、といった具合である。危なそうな人物がいれば、そちらには近寄らないようにする。これがわれわれの生活感覚である。その勘が正しいかどうかは問題ではない。このような勘を働かせることができて初めて、われわれは現実感をもつこともできれば、そのなかで安心してふるまうこともできる。ところが相手が外国人の場合、最初にこの現実感覚が働かなくなる。

あらゆるひとが遠いひととして、スターのような性格を帯びてくる。

勿論、わたくしは欧米人一般のことを言っているのではなく、哲学的な論文や書物の著者のことを言っているのである。この空間的文化的な距離だけでなく、われわれのアカデミズムの「研究」への傾斜という事実がある。何であれ、それが横文字で書かれた論文であれば、テクストとして取り上げ、研究の対象とする。このことの異常さを、われわれは気づいてもよいのではないか。現に生きて活動している哲学者の著作は、原則としてパロールである。たとえそれがスターであっても、研究者がかれをスターとして遇する必要があるのか。スターをスターゆえに尊ぶひとを、マニアと呼ぶ。研究者がマニアであっていけない理由はないが、生者を神格化するのは相応しからぬ態度のように思われる。特に、それがスターならぬ並の学者の論文ならば、なおさらである。同時代人の著作には、それをパロールとして受け取り、パロールを返したい。われわれの己を殺してそれに仕えるのではなく、それをわれわれのパロールのために活用したい、それだけの刺戟をもったパロールであるならば。

そして、これはおそらく、われわれの周囲の同僚の著作に対するわれわれの態度と相関し、連動していることだ。遠いひとの著作だけを、そして遠いひとの著作はすべてテクストと見なし、それを研究の対象とする、という態度が、身近な同僚たちのパロールを議論の対象から外しているのではなかろうか。もしも、この判断が正しいとするならば、パロールにすぎない欧米人の著作をテクスト化することの愚を悟り、平常のバランス感覚を取り戻すことができたときに、初めて、同僚のパロールに耳を傾け、自らの思索の刺戟とすることができるようになるのではなかろうか。

5 引用の東西
——近代の病理としての創造——

本章の主題は「引用」だが、それを論ずる場所は創造論である。近年、藝術論の中で問題とされる引用は、広く表現上の借用を指しており、借りて使うことは、自ら作ることと対立する。人びとが好んで引用について語るという事実そのものが、人間の創造についての意識の変化の、反映もしくは結果であるように思われる。少くともここでわたくしは、創造論の角度から、「引用」を考えたい。

このように考察の方向を定めはしたが、論考の糸口には、やはり引用の本質規定が欠かせない。この点をおさえておかなければ、何故、隠喩的な意味にもせよ、引用が問題となり、また引用において何が問題となっているのかが、明確にならないであろう。引用の本質論から出発して、次に近年、引用の名の下に語られている藝術上の諸概念、フレイミングやオブジェ、コラージュ、パロディ等々、引用症候群とも呼ぶべきものに注目しよう。その狙いは、このように雑多な現象や概念を引用と呼ぶことの適否であるよりもむしろ、そこで何が問題となっているのかを確認することにある。この検討において、議論は自ら創造論に関わってくる。そこで、人間の創造に関する伝統的な形而上学説を参照することが必要になる。そのようにして、現在起こりつつある変化を正確に捉え、位置づけることが可能になろう。そして最後に、別の伝統に属する引用の手法としての本歌取りを参照し、その教えに則して、人間的創造と創造主体についての概念を更新する。このような段取りで議論をすすめることにしたい。

1　引用の現象学

そこで先ず最初の課題は、引用の現象学である。本来の意味での引用、すなわち、言語的テクストや言述における引用を、われわれがどのようなものとして理解しているかという、その概念的な輪郭を描写することである。この描写を行う上での手がかりとして、引用符を取り上げよう。引用を明示するために用いられる引用符の機能を反省することによって、引用そのものの性質を捉えることができるだろう。

a　引用符の機能

引用符は先ず、引用文を地の文と区別するという役割を担っている。地の文は当の筆者に属するものだが、引用文はそうではない。それは、筆者が明瞭な意志を以て、自らの文の中に取り込んできた他者の言葉であり、引用符はこの意志を明示している。

自他の違いを区切る引用符によって囲まれた引用文は、当然、局部的である。

他者の言葉である引用文は、また、過去に属するものとして、現在進行形の地の文と対比される。そしてそれは同時に、客観的もしくは対象的な性格のものでもある。既にあり、客観的な存在を得ているテクストであって初めて、われわれは引用することができる。この性格は、或る種の学術論文において顕著である。例えば、デカルト研究の論考の場合、引用されるデカルトのテクストは、十七世紀に綴られたもので、標準的な全集の中に収められている。これを引用しつつ論者は、現に自ら思索を展開して、その解釈を地の文とする。ここでは、自他の違いは次元の違いをなすに至っている。すなわち、デカルトのテクストは対象言語であり、研究者の解釈は、これについてのメタ言語である。つまり引用は、時によっては、異次元性を画することがある。

取り込まれた異質なものは、大なり小なり目立つものとなる。引用符は強調の役割をも果たす。その性格が顕著であれば、そこにスポットライトを当てて他から浮き上らせる効果、あるいはより正確には、額縁がタブローを壁面から明瞭に区別しつつ、そこに注意を集めるのと同様の効果が生れる。

既成の客体である引用文は、一かたまりの「もの」という性格をもつ。引用符でくくった部分には、変更を加えることができない。そこで表明されている思想に反対である場合はもとより、そこに嫌いな表現が含まれていたり、文法的な誤りが見られる場合でさえも、手をふれないのが原則である。

ことばを「もの」化する引用符のこの機能は、実はわれわれに馴染みのものである。それは、単語や語句に引用符をつけたり、著作その他の作品名に引用符をつけたりする拡大用法の中で、活用されている機能である。単語に引用符をつける場合を考えてみよう。例えば、デカルト研究の文脈において《"admiration"》とすると、この単語は、フランス語の語彙体系の中で持っている多義的な融通性を失って、デカルトが『情念論』の中で用いた意味に固定される。そもそも言語記号としての単語は、有機的な柔軟性を特色とし、多義的なものでありつつ、使用される文脈の函数としてはじめて、その意味が限定される、という性格をもっている。引用符は、この文脈からの影響を遮断する臨時記号であり、そのとき、単語はその意味に関して硬直化する。

これは単語を特定の意味に固定する効果であるが、この他、単語を囲む引用符には、「いわゆる」に相当するものと、「いわば」に相当するものがある。《「経済大国」》とするのは前者の例であり、右にわたくしが《「もの」化》としたのは後者の例である。いずれも表現を固定した符牒のように用いるものだが、「いわゆる」は一般に行われている表現を借りるものであり、「いわば」は自らがさしあたり工夫したものである。自然で適切な表現が得られるなら、「いわゆる」も「いわば」も必要ない。それが得られないので、表現と意味の仮の組み合わせを設定するわけである。

著作や作品名に引用符を付するのは記号の転用だが、この転用の根底にあるのも、引用符の「もの」化する機能である。作品名は固有名詞だが、同じ固有名詞でも人名や団体名などと異なり、普通の単語によって構成されているために、前後の文脈から区別するべく引用符が用いられる。その際、様々な記号があるなかで、何故引用符が転用されるようになったのか。それは、引用符がその中の言葉を、地の文とは異質な客観的なものとして、それも一かたまりの「もの」的なものとして、文脈から独立させる機能をもっており、それが作品名の性格と一致したからに他なるまい。あるいは、これを引用符の強調効果の面から理解することもできよう。事実、欧文において著作名はイタリック体で表記されるが、このイタリック体は、原稿段階では下線によって示される。「アンダーラインを引く」ことが「強調する」を意味することは、言うまでもない。

これに関連して、引用の神聖さという性格を認めることもできる。すなわち、右に指摘したように、引用符の「もの」化の機能は、引用文を一切の改変から護るものである。手をふれることのできないものとは、神聖なもののことである。作品名も犯すべからざるものである。そればかりでなく、引用文そのものも、一切の修正を拒む点で、一種神聖な性格を帯びると言ってよい。引用はテクストを聖化する。だがそのことを逆に見れば、引用はテクストに対して、聖化にふさわしい質を要求する、と言ってよい。そのような質を欠いたテクストを引用すると、駄作のタブローを立派な額縁に入れたような、微かにパロディの効果を伴うことが、何よりの証拠である。

以上の分析をまとめると、「意図によって持ち込まれた局部的な他者」ということが、引用の最も中心的な特徴と見ることができる。この特徴を欠く現象については、隠喩にもせよ、それを引用と呼ぶことは不適当である。この他の契機、すなわち異次元性、強調されること、「もの」性、神聖さなどは、この他者性の具体的な現象形態のもつ特殊な効果と見ることができる。すなわち、或る引用においては「もの」性が顕著な性格であり、また或る別の引用では神聖さが目立っている、という具合である。

b　非明示的引用

ここまでは、引用符を手がかりとして引用の性格をさぐってきた。藝術上の引用には引用符のないのが普通である。われわれとしては、当然、引用符のない非明示的引用を考えなければならない。非明示的引用に特有の問題は、引用の知覚の問題である。

引用符を消去すると、異質な言葉を区切っていた境界が消え、一見等質の連続性が現われてくる。

それでもなお、そこに引用の存在が知覚されるとすれば、それは文そのものの質のなかに、或る異質性が知覚されるからに他ならない。あるいは、さらに一般化するならば、右に引用符に即して抽出した引用文の性質のすべてが、ここでは逆に、不在の引用符を知覚させる手がかりになると言ってもよい。

引用符は書き手の意志を明示する標であったが、非明示的引用の場合には、読者が存在の鍵を握ることになる。読者が引用を知覚しなければ、引用は存在しない。そして、引用文の標識である異質性、あるいは異次元性、強調、もの性、神聖さなどの知覚は主観的なばらつきを免れない。

今度は書き手の側から見た場合、いかなるときに引用符を消去するのか。引用の事実を隠したいか、あるいは引用の事実が自明であると考える場合である。後者の方から検討するならば、それは、格言のように周知の言葉を引用する場合である。この場合には、引用符がなくとも、読み手の方が自らに補ってくれるから、引用符をつけてもそれは冗長な記号になるだけである。だが、格言の場合には問題にならないとしても、名句や名歌の場合には、「周知」の基準がきわめて見極めにくいものとなる。「古池や」や「荒海や」は周知と言ってよいかもしれない。「むらさめの露もまだひぬ真木の葉に」は周知の歌か。「人間は考える葦である」は周知のものだが、「智にはたらけば角が立つ。情に悼させば流される」はどうか、また「幸福な家庭はすべてよく似ているが、不幸な家庭はどれもそれぞれに不幸である」は周知と言えるのか。これには誰しも、読者次第、と答えることであろう。そして、読者次第ということは、その著作の性質次第ということでもある。それぞれの著作には、学術書か教養書か娯楽書かなどの性質によって、標準的な読者が想定されるからである。そこで、引用符をつけるかつけないかは、そしてさらに言うならば、引用符をつけた上でも、その出典を何らかの形で明記するかどうかということは、著者が読者の知識をどの程度のものと見ているかに左右されるし、その判断はかれの読者像を表現することになる。「周知」のレベルを高めに設定すれば、引用が知覚されないか、あるいは気障に見える。場合によっては剽窃の嫌疑を受けるかもしれない。逆に、設定されたレベルが低ければ、愚直か野暮の印象を与えることであろう。引用符をつけるかどうかにも、小さなドラマがある。

引用の知覚が読者次第であるということは、引用符が無用であると判断した場合と、引用の事実を隠そうとした場合との区別を、曖昧にするところがある。ただ、少くとも或るレベルでの読者一般にとって、その引用が「周知」のものと判定されるのでなければ、引用符の省略は、引用の事実を隠そうとしたものと判断されるであろう。そしてこの隠蔽は、学術論文の場合と藝術の場合では、評価の分れるところがある。借用の事実を隠すことは、学術論文の場合には、直ちに剽窃であり、深刻な非難を呼ぶ。藝術の場合でも、剽窃が斥けられることに変りはないが、積極的な狙いを以て引用の事実を隠すことも認められよう。すなわち、少数の選ばれた読者にだけ判るように、大多数の一般読者には引用が見えないようにする、ということがありうるし、また許容されるはずである。

これ以上の分析は、当面、無用である。非明示的引用に関して明らかになったことは、それが明示的引用のように筆者だけの意志によるものではなく、筆者と読者との関係に依存している、ということである。この関係をどのように理解し、またその理解に基づいてどのような態度をとるかという点において、様々な可能性が、特に筆者の側にはある。ただ、その標準的な形態として、引用として知覚されることを予定している非明示的引用を考えるならば、それは、当の引用文に関する知識を共有している文化的もしくは教養的な共同体を前提としている、と言うことができる。

c　引用の効果

非明示的引用に関して、筆者が読者とのコミュニケーションの関係について様々な態度をとり、かつ現実にその関係を制御することができる、ということを確認したが、このことは、引用の目的や効果に関わってくる。すなわち、右に分析したような性質をもつ引用を、どのように利用するか、という問題である。利用は一種の創造的活動であるから、これを予め限定することは、原理的に不可能である。ただ、これについての標準的な理解というものを考えることができる。すなわち、学術論文のようなメタ言語的活動には引用が不可欠だが、それ以外の、わざわざ引用を行う場合の狙いとしては、消極的には、責任回避や皮肉のための引用があり、積極的には、権威を借りて説得することと、気のきいた名句によって魅力的な装飾を添えることがある。責任回避や皮肉の効果は、引用が自他の区別を明確にするということに基づいている。また積極的な二つの効用は、それぞれ論理的目的と美的目的として性格づけることもできようが、これらもまた、引用の基本的性格から引き出されうるものである。テクストの権威は、引用文の「神聖さ」と照応するし、名句の表現性は、引用文の「もの」的な固定した表現と照応している。逆から言えば、引用するということそのものに、名句や権威あるテクストを要請する面がある、というのは、既に指摘したところである。

引用を介しての権威による説得は、むき出しの形で行われることもある。そもそも権威による説得は、原則において、論理による証明と対立する。「殺すなかれ」というような絶対的命令は、論証することが極めて困難であり、普通は、親や長老や「世間」の権威が、これを教え込む。論証が可能であるか、或いは少くとも議論の余地のある事柄について、権威あるテクストを引用して説得が行われるのは、つきつめた論理を無用とする場合か、あるいは議論を封じようとする場合である。日常生活の中では、圧倒的に前者が幅をきかせている。常識は議論を好まないから、予め同意が出来上っているようなものである。その磁場の中で、名前や文字（もの化している言葉はエクリチュール的である）は自然な敬意を引き起こし、説得は円満に行われる。このような権威は、笑顔の調停者として現われてくる。しかし、権威は強面の命令者の姿を見せることもある。聖書やレーニンの書物、毛沢東語録などは、議論を許さない。これらを引用するひとは、議論を禁ずるために引用するのである。その際、引用文の神聖さが最大限に活用されていることは、言うまでもない。

　むき出しの説得は、われわれの主題とは直接関係しない。もう一つの円満な説得の方は、メッセージの受け手の側が権威を受け容れている点で、予め合意があり、説得は遊戯的な性格を帯びている。そのような引用は既に装飾的であると言ってよい。装飾としての引用も、最低限度の説得力がなければ、装飾の役にも立つまいから、この二つの説得の差異は相対的なものにすぎない。そして、装飾としての引用において最も重要なのは、引用文の性質（内容と表現の両面を含めて）ではなく、引用の事実である。式辞におけるスピーチを考えてみるとよい。引用を行うということ自体が、一種の知的な遊戯なのであって、何を引用するかは二の次である。そしてこの知的な遊戯は、話者の罪のない虚栄心を微笑みつつ受け容れる聞き手の加担によって、機能する。

かくして、引用の機能を考えることは、その行為《プラグマティックス》論の側面を浮き彫りにする。非明示的引用において、その知覚のために、文化的／教養的な共同体の存在が、既に要請されていた。そしてその機能においては、読者の自由をねじふせる説得を除くならば、書き手と読み手、話者と聞き手の間の、目に見えないかけ引きや力関係が関わっている。書き手が負けるなら、引用がパロディ化されることもある。そして幸福な知的遊戯として引用が機能するためには、善意による読者／聞き手の加担が不可欠である。引用はコミュニケーションの軸を明るみに出す。

2　引用症候群

a　そのレパートリー

以上の引用の本質規定の試みを踏まえ、藝術論の中で引用に類するものと見做されている技法や概念を検討しよう。既に断っておいたように、検討の目的は、引用概念を拡張して「引用症候群」を包摂的に捉えることの是非を、質すことにあるわけではない。むしろ「引用症候群」に通有の特質が何かありはしないか、その点をさぐって、創造論の中にそれを位置づけることが狙いである。

引用の類縁現象として見做されているもの、あるいは見なす可能性のあるものを枚挙するならば、次のようなものがその候補になる。トリミング（刈り込み）、フレイミング（枠づけ）、コラージュ、モンタージュ、デペイズマン（dépaysement 置き換え、もしくは移植）、トポス（常套句）、模倣、変奏、パロディ、オブジェ、そして間テクスト性。これらは美術や音楽を含めた諸ジャンルにわたり、いくつかのグループに分れる。グループ分けをしつつ、検討を加えよう。

第一のグループは、トリミングとフレイミングであり、これらはまさしく、引用符の「区切る」という機能と照応している。フレイミングは原画にそのまま枠をつけることであり、トリミングは、裁断を加えて原画の一部分を独立させることである。両者ともに、区切りを与えてその部分を対象化し、注意をそこに集中させる。そしてそのことによって、ときには、原画と較べて効果を一新することもある。だが、この二つの技法が引用と大きく異なる一点がある。それは、引用があるテクストの中へ別のテクストを呼び込むことであるのに対して、フレイミングやトリミングの場合には、それ自体が独立したテクストを構成し、従って区切られた引用文を囲み込む文脈的テクストが存在しない、という点である。この文脈の存在は引用の前提であるから、フレイミングやトリミングを引用と呼ぶのは、語の濫用であろう。

この両者に固有の文脈が存在すると考えられる場合には、引用の要件が満たされるようになる。そのようなものとして「オブジェ」が考えられる。オブジェとする際に、もとの対象に対して切り取りや刈り込みが行われていれば、それはトリミングであり、視覚対象にするという設定そのものの中に、フレイミングと同じ強調効果が含まれている。そしてこの視覚対象＝オブジェにするという設定そのものが、藝術という場、あるいは視覚の場という別の文脈への、当の対象の取り込みと見ることができる。例えば、草月流のオブジェは、本来美的鑑賞の対象とされていなかったものを見るための対象としたもの、あるいは、生け花の素材となっていなかったものを生け花の文脈の中に取り込んだもの、と見られる。レディ・メイドも同様であり、非藝術の工業製品を藝術という文脈の中に置いたもの、と解することができる。オブジェはいずれも、作らずに借りたものであり、区切り、他者性もしくは異質性、対象性、もの性など、引用のほとんどすべての特徴を具えている。唯一の例外は「神聖さ」だが、もとの対象に手をふれず、そのまま用いている、という基本構造は変らない。つまりここでは、本来的な引用の場合と較べて、神聖さの位置が逆転している、と考えられる。テクストの引用においては、引用文が神聖なのであったが、オブジェにあっては、予在している藝術という文脈が神聖なのである。この文脈の中に、卑俗なるものを、恭しい身振りで持ち込むとき、それは既存の文脈を否定する意味を持つことになった。

従って、オブジェは、当の対象だけが問題なのではなく、藝術という制度的、もしくは類的な文脈ぐるみで初めて意義をもつのであり、またそのかぎりでのみ、引用という性格を認められるものである。注意すべきことは、文脈が類的なものである以上、オブジェもまた、個的なものではなく類的なものである、ということである。レディ・メイドの製品を取り替え、表題を変えてみたところで、別のものが生れるわけのものではない。レディ・メイドはすべて同一である。これを造形的側面に注目して個的なものと見るのは、誤りであるだけでなく、藝術をパロディ化しようとしたはずのものが、自らをパロディ化することになりかねない。何故なら、それは見る制度としての藝術を異化するはずのものであったが、造形的個性を主張することは、この制度に飲み込まれることに他ならないからである。この類的性格は、引用の効果に関する確認、すなわち引用文の表現や内容の特質ではなく、引用の事実そのものが効果を生み出す、ということと、相通じている。しかし、引用文の効果は言述という文脈の内部での出来事である。それにひきかえ、少くともデュシャンのレディ・メイドは、この文脈そのものを異化する一つの思想行為である。それもまた、引用という手法の一つの使用法と見ることができる。

引用としてのオブジェ、すなわち異質な文脈への移し換えとしてのオブジェは、構造的に見れば、一種のデペイズマンである。デペイズマンを独立の一技法と見るならば、それはコラージュとともに次のグループを形成する。コラージュは、本来貼り紙の意であり、例えばタブローの一部分に新聞紙のような異質な素材を、切るなり破くなりして貼りつける技法をいう。その狙いは一義的に定まっているわけではないが、先ず第一は、再現的画面において透明であった絵画上の質料、すなわち絵具の層を異化することであろう。そしてこの狙いを意識化するならば、質料の構成による造形的効果という、造形藝術の新しい在り方を主張するプログラムに発展するであろう。そして最後にコラージュは、新聞や雑誌の断片のように言語的メッセージを含むものを素材とするときに、言語とイメージとの間の連合の効果を狙いとすることができる。このうち、異質な素材を強調するという点、またそれが局部的に用いられるという点も、引用の構造と符合する。ただし、本来の引用は、言語的テクストを言語的テクストとして用いるものだが、コラージュの場合には、たとい新聞の断片が用いられていても、それは造形的素材として用いられているのであり、引用というよりも移植《デペイズマン》と呼ぶ方が適切である。シュールレアリストたちの手法としてのデペイズマンは、或る要素をその本来の場所とは全く異質な環境の中に置くことによって、思いがけないような効果を生み出そうとするものである。これは連合の効果を狙っている点でも、コラージュと相通じている。

コラージュの中でも、取り合わせによって新しい連合的な意味の産出を狙う部類のものについては、そこにモンタージュの仕組みを認めることができる。「組み立て」を意味するモンタージュは、映画の編集上の技法、というよりもむしろ、編集の可能性を支える仕組みに関わる概念である。すなわち、図柄として連続していないショットやカットを続けて映した場合（つまり組み立てた場合）、見る者が自然に両者を関係づけ、そこになめらかなつながりと整合的な意味を読みとる、という仕掛けのことである。ここで組み立てられている二つのカットもしくはショットは、相互に次元を異にするわけでもなければ、異質なものとも言いにくい。いずれも映画の基礎的な表現単位であるにすぎない。従って、いずれかが他方の文脈となっている、というわけのものでもない。この点で、モンタージュを引用と見ることには無理がある。

これ以下に来るものは、引用と見なすことに、さらに一層無理がある。先ずトポス、すなわち、多くの人が用いている慣用的なきまり文句は、出来合いの表現の借用という点で引用の同類と見られる。しかし、それは語彙やイディオムと同じく自然な表現単位であって、テクストの一部を借りるのとは根本的に異なっている。同じことが諺の引用についても言えるが、諺の場合には、それが自分の工夫した表現ではないということを、使用者が明瞭に意識している。そのような意識がトポスの場合には稀薄であり、借りていると思っていないことが多い。この点で、トポスを引用するとは言い難い。

「様式の引用」というような言い方は、建築のように、異なる様式のモチーフ（コリント式の柱頭やゴチックのアーチなど）を取り入れた場合、それが様式の代表として受け取られ、またそれ以外の意味づけがない場合にのみ、適切である。パスティッシュ（模倣）は他人の様式を借用した戯作ではあるが、そこで借用されている様式は局部的客体的な在り方のものではなく、表現の全体の中に溶解している点で、引用とは呼びにくい。同様のことはパロディや変奏についても認められる。パロディとは、もとの様式に対して特定の態度をとったパスティッシュであるし、変奏曲の中でもとの主題は、局部的に存在するのではなく、全体に融け込んでいる。これらは引用と呼ぶべきではない。

最後は「間テクスト性（intertextualité）」である。これは創作技法の名称ではなく、主として読解に関わる関係概念である。ここで敢えてそれに言及するのは、クリステーヴァのこの概念が、現今の引用をめぐる議論、というよりも、引用概念を拡張し、そこにテクストもしくは藝術作品の構成の基本性格を見るという動向を代表しているからである。この概念の意味するところは、或る文学作品を構成しているあらゆる部分が、他のテクストとの間に持ちうる可能な照応関係のことである。その中には、作者が意識していたものもある。しかしそうでないものも含まれていて、むしろその方が多いと言えよう。このような複数のテクスト間の関係づけは読者の仕事であり、読者の読書経験や関心によって大きく左右されるものだからである。読者が関係づけるテクストは、もとのテクストより後に書かれたものであってもかまわないだろう。少くとも特定のテクストの持ちうる間テクスト的関係について、それを引用と呼ぶことは、著しくわれわれの言語感覚を害する。何故なら、それは意志的な行為の結果でもなく、また引用されるものが既存のものであるという自明の規定にも違反しているからである。だが、それほどにあからさまな違反であれば、その底に或る意図的な狙いがある、と考えるべきではないか。

b　創造論としての引用論

ここでわれわれは、自らに、右の検討を始めるに当って予告しておいた課題へと移ることになる。すなわち、これらの手法を開拓し援用し、また引用や間テクスト性の概念を提起し強調する際の、人びとの関心や問題意識が奈辺にあるのか、ということこそ、考えるべき点である。そこで、右の検討の中で明らかになった特徴を捉え返すことにしよう。

「引用症候群」において顕著な特徴は、三点に要約される。先ず第一に、当然のことながら、表現そのものの独創性もしくは新しさを狙い所としない、という事がある。トポスやパスティッシュについては明らかであるし、間テクスト性は他の作品との共通性に注目する概念である。なるほどオブジェは、一つの新趣向であったに相違ないが、その表現そのものは既知の対象を借りることに他ならない。つまり、「引用」は新しさを求めないという点が新しいのである。

ではその狙いはなにか。これを問うならば、引用症候群には意味論的志向とでも呼ぶべき傾向が、明瞭に認められる。これが第二の特徴である。古い表現を用いるからと言って、それは、復古主義や古典主義のような趣味の上での回帰現象とは異なり、古い素材に対して距離をとることによって、新しい意味をそこに現出せしめようとするものである。人びとが引用という用語にこだわるのは、この意味機能に注目しているがゆえのことのように思われる。引用と意味機能との間には或る本質的な関係があるのではないか。その点を、それ自体は没意味的な表現形式である音楽に即して考えておこう。

およそ意味表示の基本的なメカニズムは、繰り返しにある。単語の意味は、同一の対象もしくは現象に対して同一の語音が繰り返し用いられることによって、支えられている。差異の体系としての言語は、同一性をつくり出すことを基礎としている。音楽は、普通には概念的意味を欠く表現であるが、この繰り返しを用いることによって意味をつくることができる。その典型はワーグナーの用いているようなライトモチーフである。ドラマと並行する音楽の流れの中で、同一の音型を繰り返すことにより、その音型＝モチーフは、ドラマの中で対応する同一の対象もしくは事象から、連合的意味を獲得するわけである。これを引用と呼ぶことに躊躇を覚えるのは、その音型が既存の他のテクストから取ってこられたとは言えないからである。しかし、それと同時に、これは単純な形式的繰り返し（三部形式のそれや、古典的ソナタ形式における再現部のようなもの）とは明瞭に異なり、意味表示への意志に裏づけられており、この特徴が、それを引用と呼びたい気持に、われわれを誘う。

ライトモチーフはいわば単語である。そこに構文の契機が加わると、引用的性格が一層強く感じられるようになる。ベートーヴェンの第九交響曲第四楽章の序奏部は、概略、次のような構成になっている。先ず管楽器の独奏による速い動機が示されると、次に低音弦のユニゾンによる動機が出てくる。このやりとりがもう一度繰り返されたあと、このユニゾンの動機を間にはさむ形で、第一～三楽章の断片、さらにはこの第四楽章で後に中心主題となる「歓喜の動機」が演奏される。この旧い楽章の動機を引用と呼ぶことを躊躇わせるものがあるとすれば、やはり、それが同一作品の中から取られているることだけである。これとても、別の楽章のものであるという点で、最小限の他者性は保たれている。そして逆に、ここに引用を認めたいという気持を刺戟する要素もある。それは、この構造の中に、或る「構文」が、従って、それぞれの動機について述定が認知されることである。それは、引用文とそれについての解釈もしくは批判という、引用の基本的な形態と一致する。音楽学者たちはここに、「回想とその否定」を読み取っている。それは、この構造そのもの（同じ述部に対して、主語を次々と取りかえてゆく）からも、或る程度までは言えることであろうが、さらに加えて、問題の述部を構成している動機が、やがてバリトンのレチタティーヴォで「友よこのような音ではなく」と歌われるその旋律であることも関与していよう。いずれにせよ、このようにして意味表現の核がつくられると、物語の形成が進んでゆく。例えば、第一楽章＝意志の力、第二楽章＝感覚の熱狂、第三楽章＝女性的な人間愛などが、否定される、というような解釈である。

引用の意味論的志向性は、間テクスト性の概念の場合に顕著である。それはテクストをいかに意味づけるかという問題なのである。このような意味志向の藝術は、実体志向の藝術と対立する。後者の典型はわが国の伝統工藝であり、そこでは充実したものを作ることだけが問題であり、そのものの意味などは問うところではない。

意味に注目する引用が実体性に背を向けるということは、別の面から見れば、それが「関係」に重きを置いているということでもある。この点を第三の特徴と見ることができる。引用の制作学において問題なのは、新しい単体を作ることではない。他人の作ったものであってもよい、それを新しい文脈の中に置くことによって、そこに新しい意味を生み出すことである。この新しい意味を支えているのは、引用された断片と文脈の関係に他ならない。フレイミングのことを考えてみよう。ここでは対象そのものは少しも変らないにもかかわらず、枠づけを行うことによって、その意味が一新するのである。デペイズマンの狙いもそこにあり、モンタージュはそのすべての効果をこのような関係に負っている。オブジェが、この「関係の詩学（＝創作論）」の代表的形態であることは、言うまでもない。かくしてここに、手による対象の創造に代わる、頭脳による意味の誘出という計画が読み取られる。ただしその頭脳も、終局の効果を見通して計画する頭脳ではない。意味は、関係の網の目の中から、生れてくるのである。

かくして、「引用症候群」の創造論的な特徴は、

（1）新しさを求めない新しさ

（2）意味志向性

（3）関係性

の三点に集約されるわけだが、この三点は相互に関連しあっている。三者を関連づけるなら、引用の詩学の戦略は、結局、次のように要約されよう。

――引用の詩学は、実体を作るのではなく、意味を作ろうとする。そしてその意味は、断片と断片の関係によって生み出されるものであり、その断片そのものを既存の作品から借りてくるとき、この関係と意味への志向性が最も明瞭に打ち出され、そこにスキャンダラスな新しさの効果が生れる。

3　創造論のなかの引用論

引用の詩学の狙いをこのように明らかにした上で、次に取り組むべき課題は、この創作論を、伝統的な創作論や哲学的創造論と関係づけ、創造の思想史の中に位置づけるとともに、その新しさの所在

をつきとめることである。いま創作論と哲学的創造論を分けて挙げたが、前者は藝術、特に文学における創作の理論であり、後者は形而上学における議論であって、それぞれ論の背景を異にしている。しかし、同じ文化伝統に属するものである以上、両者は窮極において一に帰する。創造という主題と形而上学との関係を怪しむ向きがあるかもしれない。ここではさしあたり、形而上学とは存在論のことであり、その「存在」は創造によって支えられている、ということを指摘しておけば、十分であろう。あるいは、引用の詩学が実体に背を向けて関係を志向する、という右の性格づけから構造主義を想起し、その形而上学批判を考えたひともあろう。だが答を急ぐまい。思想の実態に即して考えなければならない。

a　創造論の系譜

西洋の藝術創作論には、キリスト教思想とギリシア思想の二つの伝統がみとめられる。後述するように対立する面がありはするが、想（idea）を重視する点では、両者は一致している。

キリスト教的伝統の中では、神の創造が虚無から存在を創り出すものであるのにひきかえ、人間の創造は、その神の創った自然を素材として行うほかのないもの、と性格づけられる。そこで人間の創造の創造性は、想の面に集約されることになる。この思想は、修辞学説に基づいて考えられた創作過程の理論に対して、決定的な影響を及ぼし、構想（invention＝見つけ出すこと、発明、創出）を最も重要な過程と見る考えを定着させた。文学では叙事詩や悲劇、絵画では歴史画を最高位に置くジャンルの位階説には、表現対象もしくは内容の高貴さについての判断とともに、この構想の度合が基準として関わっている。構想とは何よりも先ず、ストーリーの構想と考えられたからである。想を重視することは、ギリシア的人文主義的伝統においても変らない。それは何よりも霊感の概念の中に現われている。霊感の思想が、特に文学という頭脳的な藝術において提起されたものであることは、精神主義の土壌を物語っている。しかし、霊感を語ることは、人間精神の無力の告白である。傑作を生み出すこと、創造の名に値する創造を行うことは、人間の条件を超えて「神来」を得ることでなければならない、というのである。ヘブライズムが、想を以て、人間を「第二の神」とする場所と見たのに対して、ヘレニズムは、想において人間を神の口に変えた。人間の創造に関する西洋思想の伝統を、この両義性が支配している。

ヘブライズムの伝統の中で、虚無からの創造という神学的テーゼが創作論に適用され、そこから想の詩学が生れてくる次第を、右に垣間見たが、このテーゼ自体が、既に形而上学的である。神による世界の虚無からの創造とは、一切の存在が絶対的に神に依存していることを意味している。そしてここでは、存在が創造の函数であること、言い換えれば、在るということは創られたことである、ということが示されている。この創造の論理は因果律であって、事実、伝統的な存在論は因果律に則って構築されてきた。そして、この形而上学の中で人間の創造が語られることは稀であったにもせよ、創作論の淵源がそこにある以上、われわれとしても形而上学に目を転じ、創造の伝統的な概念を検証しなければならない。人間の創造活動を組み込んだ形而上学説として、シャフツベリ（一六七一〜一七一三）の「美の三つの次元（order）」という考え方を取り上げよう（Shaftesbury, *The Moralist, a philosophical Rhapsody*, 1709, Part III, Sect. II）。

出発点にあるのは次のテーゼである。「美しさ、綺麗さ、みめのよさは、決して物質の中にあるのではなく、わざと構想（the Art and Design）の中にある。物体そのものにあることは決してなく、形すなわち形成する力の中にある」。

直ちに想の詩学の反響を聴きとることができるが、これは学説として見れば、美の説明として提起された質料形相説である。ここで言う「形」とは、シャフツベリが「形成する力（Forming Power）」とパラフレーズしているように、形相のことである。形相とは単なる形ではない。受動性の原理である質料に働きかけて、個々の具体的な存在者を現実化する、能動性と創造性の原理である。所産の美しさは、この創造性を測る標識に他ならない。しかもそれは、抽象的な原理ではなく、具体的な形でもある。粘土をこねて茶碗を作るとする。粘土そのものは決して美しいとは言えない。それが美しい茶碗になるとすれば、その美しさは、当然、形によってもたらされたもの、と考えなければならない。形は美を実現する力でもあった、ということになる。

質料形相説は、ジルソンの言うように（『絵画と現実』）、広義における藝術をモデルとして構成されたものと考えられる。それが自然を含む一切の存在者に適用されるとなると、一切の存在者が「作られたもの」と見放されることになる。しかも右のシャフツベリの言葉にある如く「構想」を語るのであれば、この製作もしくは創造は、意図的なものでなければならない。そこで、「形成するのは精神を措いて他にない。精神を欠くすべてのものはおぞましく、形のない物質は醜さ（Deformity）そのものである」ということになる。

想の詩学の精髄を示すこの議論は、極めて理詰めで、どこから押してみても、びくりともしない堅固なもののように見える。だが、その種の議論に対してしばしば感ずるようないら立ちを、ここでも感じないであろうか。しかし、その批判に入る前に、もう少しシャフツベリの議論を追うことにしよう。

シャフツベリは形を「形成する力」とパラフレーズしたが、この力は対象に内在するのか、それともその外にあるのか。植物的精神とか動物的精神というようなアリストテレス派の概念は、これを対象に内在させるものであるが、「わざと構想」を語るシャフツベリは、これを「人がものを作る」という事例をモデルとして考えるから、形成する力としての形は、人の中に定位され、対象の形と乖離してくる。この両者の関係は、因果律に則って、前者が後者の上位に立ち、前者の方が美しい、ということになる。すなわち「形づくる形 (the Forming Form)」とは「人間の形」であり、「人間の形成になる他の美に対して優位」をうる。言い換えれば、「宮殿、〔王侯の〕供まわり、財宝」など藝術や装飾、そして「貴金属、宝石のような自然の死んだ形」は、「大もとにある、血肉を具えた生きた形」、すなわち人体の美、就中美女の美しさに適うものではない。この生きた形は、「他の生きた形」、すなわち子供を生み出す力を持っている点が、その優越性のあかしである。だが、この子供をつくり出す「力は、人より以上の別の形〔形相〕に由来するものであり、正しくは人自身の力もしくはわざと呼ぶことはできない、もしも実際に、上位のわざ〔藝術〕もしくは藝術家のようなものがあって、人間たちの手を導き、このすぐれた仕事〔作品〕においてかれらを道具としたのであれば」。ここに「単なる形と呼びうるものだけでなく、形成する形〔＝人間〕をも形成する」ところの、美の第三の次元が開かれてくる。それこそ「すべての美の原理、みなもと、泉」であり、「至高の美」である、ということになる。これが神を指すことは、言うまでもない。

概略これが、シャフツベリの「三つの美の次元」説である。その分節の原理は能動受動の二元論であり、純粋な受動―能動かつ受動―純粋な能動が三つの次元を構成する。純粋な受動の次元をなすのは、自然界と人間のつくったものの世界、能動かつ受動の次元は人間自身、そして純粋な能動の次元は神である。ここまでは論理的である。しかし、シャフツベリは、この能動―受動の因果論的原理に、精神―物質、美―醜という二組の平行的原理を重ね合わせる。しかも、この「精神」には生命原理という意味あいが与えられている。これらはすべて伝統的な考え方ではあるが、この体系化の中で、いくつかの矛盾や無理が現われてくる。

最大の問題は、第二次元の位置にある。宮殿と人間を較べてシャフツベリは、人間が子供を生みうるという点に優越性の根拠を置いている。しかし、子供を生むという点では人間は、第一次元に置かれているとおぼしき犬や猫と変るところはない。子供は人間の精神の構想《デザイン》に基づいて形成されるわけではなく、構想があるとすれば、それは神の構想である他はない。これは論理的だが、そうなると次元は二つしか措定されえない。第一次元と第二次元を分つ原理は、あくまで人間自身の創造力に、つまり、子供ではなく宮殿を作ることに求めなければならない。犬や猫は宮殿を作りはしないのである。しかし、この人間―宮殿の関係はそれだけで完結していて、構想する精神である人間には、宮殿の素材さえあれば、宮殿という新しい物象を作る上で、何の不足もない。そこでシャフツベリは、子供を生むという、人間の構想の及ばない事実を強調することによって、第三の神の次元を拓いたわけである。このような原理の乗りかえ、もしくはすりかえを安心して行いえたのは、「神∨人間∨作物」という一元的な因果論的もしくは存在論的不等式への確信があるからである。シャフツベリの主張は、結局、等質な力のこの不等式に集約される。この不等式に従えば、人間による宮殿の創造も、神の構想のうちの事柄となる。これは一見、霊感のヘレニズムと似ているが、霊感が個々の事例においてまちまちのあり方をしているのにひきかえ、これは一般的な存在論的構造である。だが、この一般的存在論は、傑作と駄作の歴然たる違いを説明しない。

次に、創造力もしくは生産力と美しさが比例すると言えるか、という問題がある。ヴィーナスの彫像よりもその作者の方が美しい、などということは、一般的命題としての断定には耐えないであろう。少くとも藝術に関しては、人は長い間、自らよりも美しいものを求めたからこそ、創造を行ってきたのではないか。

最後に、現代のわれわれにとって、このような一元的創造論は、著しく生活実感に背くところがある。自然に対して、人間の構想は優位を主張しうるのか。或いはより美しいものと言えるのか。人間の高度な構想によって生み出されたプラスチックは、自然の木材や石材と較べて、強度や経済性の点で勝っているとしても、少なくともより美しいとは言えない。その「構想」に、われわれは不安な嫌悪感を覚えている。

この最後の論点については、アナクロニストな批判という指摘があるかもしれない。しかしそうではない。いまシャフツベリを取り上げているのは、西洋近代を支配してきた創造のイデオロギーを表現する学説としてであることを忘れてはならない。道具立ては完全に伝統的なものでありながら、このシャフツベリの形而上学は、人間の創造を取り込んだその根本の発想において近代的である。シャフツベリが求めたのは、世界の合理性を保証しつつ、人間の創造活動にも同じ合理性を、言い換えれば世界との調和を保証することであった、と解される。美はこの合理性の目に見える標識であるが、かれの念頭にあったのは自然を文明化する活動の全体であって、狭い意味での藝術だけではない。かれの時代には、いまだ近代的な藝術概念は確立していなかった。しかし、半世紀後のその確立期に向けて、藝術概念はシャフツベリの思想に符合する主張を展開していた。すなわち、藝術はその精神性と創造性の点で、残余の職人仕事と区別されることを要求し、人びともそれを認めていった。そして、自然を文明化する近代的営為の代表が、自然科学に支えられた工業であることは、言うまでもない。この近代のイデオロギーにおいて、シェイクスピアとニュートンは双子の兄弟である。

だが、もう一歩踏み込んで考えるなら、この体系においてモデルとなっているのは、シェイクスピアではなくニュートンである。精神の力の不等式によって表現される三次元の位階構造に立つかぎり、創造は上からの構想によって決定されるものであり、それは自然科学的な発見と発明に典型的に現われてくるからである。藝術の創造にあっては、霊感というさらに上からの呼びかけと、わざ《メチエ》という歴史的生理的慣性とが、精神の構想を修正しにやってくる。しかしキリスト教の神はアポロンでもなければ、ミューズでもない。事実、近世以後、霊感はその超越性を喪い、特殊な心理現象と見られるようになる。そうなると、霊感とわざ《メチエ》は一体化してゆくはずである。このような創造性を受け容れる余地は、シャフツベリ的な形而上学にはない。言い換えれば、その不等式の位階構造において決定的に欠けているのは、横からの刺戟、下からの刺戟による創造性の認識である。横からの刺戟とは、同じ次元に属する他の人間の仕事、すなわち歴史によるものであり、下からの刺戟とは身体や下意識のもたらす創造性のことである。シャフツベリの創造論は、藝術創造に関するかぎり、創造性の基盤の厚みを、求めて貧困なものにするものである。

b　引用の詩学

以上の伝統的な創造論の検討を踏まえて、引用の詩学の吟味に戻ろう。既存の表現を借用するかぎりでの引用は、確かに、「横からの刺戟」を認知している。それは基本的な態度の変更のように思われる。ではこの変化をもたらしたものは何なのか。そこに少くとも二つの、原因とは言わないまでも条件が介在した、と考えられる。一つは藝術についての知識の拡大と、それに伴う藝術体験の教養化であり、もう一つは、伝統的な理念に従う創造活動の行きづまりと、その基盤の崩壊である。前者は後者の動向を生み出した契機ともなっており、両者は根底においてつながっている。

先ず第一の藝術についての知識は、美学を哲学体系の一部に組み込み、歴史学を基本的な方法とした十九世紀を通して、着実に蓄積されてきた。そして今世紀、特にその後半における、その爆発的な拡大と、それに伴う藝術体験の教養化は、殆ど説明の必要がない位である。岩波文庫や世界文学全集、「図版による美術館」やレコード、さらにはヴィデオなどのメディアの開発や流通は、藝術作品の受用の土壌を極めて肥沃なものとした。この土壌の肥沃化は、一方において、非明示的引用の条件である文化的もしくは教養的な共同体を形成する上で、有利に働いたが、それと同時に他方では、藝術家の創造にとって困難な環境を創り出した。想の詩学は独創性もしくは新しさの要求を、内に含んでいる。新しくない想は想とも言えず、人間の功績（merit）を主張する根拠には、到底なりえないからである。このように、藝術家は新しいものを創り出さなければならないのであるが、過去の藝術について鑑賞者の持っている知識が豊かになればなるほど、新しい想をうることは加速度的に困難になってゆく。かつまた、自ら教養人となった藝術家の、創作的営為の困難、という事情も関わっているに相違ない。物知りは物作りではない。この二つの状況、創作者の困難と鑑賞者の教養が相乗されるとき、自らに引用の詩学への途が開かれたように思われる。それは、鑑賞者の教養を必要とするとともに、かつてなかった新趣向として、藝術家の必要にも応えるものであり、しかも物知りの藝術家にも可能な創作法だからである。

論理的に考えれば、そして長い目で見れば、その通りである。だが、引用症候群の中で先駆した技法、レディ・メイド、コラージュ、モンタージュ、デペイズマンなどはどれも、文字通りの引用ではなく、鑑賞者の知識を必要条件としていたわけではない。これらにおいて知識という要因はむしろ、創造の重点を想から解釈へと逆転させる契機として機能した、という面において捉えることが重要である。虚無からの創造を理念的モデルとして、無前提的に創作された作品であっても、知識ある鑑賞者は、その随所に、過去の或る作品の似た個所や対比的な個所を想起する。その知識は、解釈学上の「先行構造」をなす、ということだが、このような想起、引きくらべの権利は、そもそもいかにして認知されるようになったのか。

それは、モダニズムの前衛運動の自らの帰結としてなされたことと考えられる。モダニズムは想の詩学の最も徹底した相を示している。モダニズムは先ず、あらゆるジャンルにおいて純粋化を志向した。すなわち、他所から借りるものをなくし、絵画に固有、詩に固有、音楽に固有の要素だけによって、絵画や詩や音楽を創ろうとする試みである。作家もまた、新しい構想を求めて、新しいプログラムの案出に努力を傾注し、それぞれに主義を標榜した。藝術は作品の創造であるよりも、綱領の創造となった。この動向の背後には、明らかに、鑑賞者と藝術家自身の知識の拡大がある。藝術の教養化の条件の下で、創造の処女地が綱領以外にはなくなってしまった、と言ってよい。

創造の近代的イデオロギーが極限に達したモダニズムにおいて、この創造論に風穴をあけたのは、先ず無意識、そして偶然性、さらには実験である。これらはいずれも、新しさを探究する中で採用された、革新的な手立てであった。無意識は、精神の構想を逃れた創出的要因であり、古代の霊感の近代版である。だが、その無意識は、本性上、意志の制御の及ばないものである。そこで、人工的無意識の戦略として偶然性が探究されることになる。そして、この探究の精神を表現しているのが、実験という概念である。実験とは、やってみなければ判らないということ、やってみた結果を見て判断する、ということである。ここで精神の視線が、その方向を逆転させる。未来に向かって自らの構想を押しつけようとしていたものが、過去をふり返って、そこにありうる意味を読み取ろうとする。因果律が逆転され、制作学（詩学）は解釈学へと転身する。

引用の詩学の基本状況は、解釈学の基本状況と一致する。いずれの活動も読み取りである。引用の技法の眼目は、既成の断片の文脈を変更することによって、新しい意味効果を誘出することである。作者のものであるこの文脈の働きは、解釈者における先行構造の機能に等しい。クリステーヴァやバルトのようなひとたちが、読解の文脈の中で隠喩としての引用を語っているのは、自然なことであった。

c 引用の詩学の革新性

このようにして引用の詩学は生れた。それは二点において、近代的な想の詩学を革新している。第一は、因果論的な図式を逆転させ、構想するよりも、やってみて結果を見るという態度、創造上の解釈学的次元とでも呼ぶべき境位を拓いたことである。そして第二には、横からの刺戟に対して目を向けたことを挙げなければなるまい。因果律に準拠した伝統的な創造の形而上学において、歴史は、人間という創造の主体と同位のものであるがゆえに、創造的な刺戟を与えるものとは見なされていなかったのである。

だが、その革新の方向を見定める必要がある。先ず、創造の解釈学的次元は、本来、あらゆる創造的営為の中に含まれているものである。それはサイバネティクスの基本構造と、従って生体の自然な働き方と一致する。そもそも、想が予め存在し、それが一直線に現実化に向かって展開してゆくという考えは、活動の実態を正しく捉えてはいなかった。それゆえ、創造における解釈学的次元の認識は、近代的な創造のイデオロギーを自然な方向へと修正する可能性をもっている。現に、無意識を霊感の源泉として活用したシュールレアリスムの技法（自動筆記など）には、その作例を見ても、この種の自然さが認められる。だがそれは、解釈を創造過程の中に組み入れ、活動全体の有機性を高める方向に働いた場合のことで、解釈のテーゼは容易に逆方向にも働く。無意識を開発することは、必然的に作る生体のメカニズムを動かすことであったが、「作らずに解釈する」ことを文字通りに実行するならば、身体と自然の契機は殆ど完全に脱落し、知の支配が過激な形で現われてくる。オブジェやコンセプチュアル・アート、ジョン・ケージの或る種の作品などに、この傾向は明瞭にみとめられる。ここでは藝術は、一種の思想行為である。

次に、歴史（他の藝術作品）という横からの刺戟の認知についても、弁別が必要である。レディ・メイドやコラージュのように、既存の対象や作品を利用する場合、旧来の創造論を修正するような形で、横からの刺戟を活かしていると言えるだろうか。既存の作品からの刺戟を活用するということは、その実態においては、創造過程に組み込まれた解釈と符合する。しかし引用の詩学の考えている創造のプログラムは、これとは全く異質である。或る作品を解釈し、そこから刺戟を受けるということは、いかに異なる眼を以てするにしても、根本的に前の作品を継承する営みである。そこに変容を加え、新しさを創り出す鍵を握っているのは、有機的な創造主体である。これにひきかえ引用の詩学は、素材とする作品を根底から異化し、異化することによって全く異なる意味を誘出しようとする。ここでは、創造主体は異化の仕掛けを設定するだけで、意味の誘出そのものにはできるかぎり関与すまいとする。主体が身をひくことによって有機的な創造性を回避しようとすること、これが引用の詩学における創造のプログラムである。おそらくこの点にこそ、引用の詩学の最もラディカルな革新性を見るべきであろう。

この点はまた、引用の詩学の信奉者たちが、近代のイデオロギーを超克するものとして強調している点に相違ない。確かに、個的主体は近代を最もよく代表する概念の一つであった。だが、創造主体を捨てて、関係の網の目から読みとられる意味に賭けることが治癒なのか。主体が消えて関係が残るというこの構図は、まさしく高度にシステム化した現代社会のあり方である。引用の詩学は近代の超克どころか、近代の到達点である現代社会の反映ではないのか。その近代批判の足もとを見直してみなければならない。意味と精神性への強い傾斜、そして新しさの希求、これは近代のイデオロギーの継承もしくは徹底化に他ならない。現代の反映であるかぎりにおいて、われわれの共感をさそうところがあっても不思議はない。コンクリートにも詩情はあり、コンピューター・グラフィックスはかつてなかった不思議な知覚体験を与えてくれる。しかし、近代を超克しようとして、逆に近代を継承し、さらにその傾向を徹底しているところに、根本的な矛盾がある。引用の詩学は近代の病理そのものである。

4　創造の基盤としての歴史性

引用の詩学には、近代を修正する可能性があった。解釈を創造過程の有機性の契機として取り込むこと、そして、歴史を創造性の契機としてみとめることである。このようにするとき、想の詩学を支えていた創造の形而上学は、その原理において正されることになる。精神的な構想（原因としての形相）が唯一の創造の原理ではないのである。そして、想に執着することをやめるとき、創造主体としての個人も、歴史と自然の中に位置する輪郭の曖昧な、しかしそれでもいきいきとした同一性の核であることが、確認できるはずである。現実を歪めた結果を正そうとするならば、ありのままの現実に帰る他はない。そのような知恵の具体的形態として、本歌取りの場合を取り上げよう。本歌取りは、一般的技法として確立していた引用の典型だが、直ちに現今の引用の詩学と重ね合わせて考えることは、許されない。両者は、その根本の思想において正反対のものだからである。本歌取りは、人間の条件をありのままに受け容れて、歴史を創造の契機として取り込んだ技法である。根本において対立するものであってはじめて、近代の病理に対する、治癒となりうるのではないか。

a　本歌取り

本歌取りは、作歌に際して、古歌の一部分を、非明示的に、しかしそれと判る形で取り込むことである。引用する側もされる側も同じサイズのテクストであるから、全体を引用することはできない。「詮とおぼゆる詞二つばかりとりて、今の歌の上下句にわかちおくべきにや」（定家『毎月抄』）ということになる。引用される二つの詞が「詮とおぼゆる」ものであるということは、本歌の同定のための条件である。歌人は読者の知識を考えつつ、それが「詮」たりうるか否かを考量する。そこには、名歌のレパートリーの知識を共有する知的エリートの集団が前提されている。詮となる詞は、同じ知的集団の成員に対する一種の目くばせである。これは引用の知覚に関わる仕組みである。

では、本歌取りの意味効果はいかなるものか。直ちに考えられるのは、像の二重化ということだが、速断は禁物である。具体例に即して考えることにしよう。左近中将良平の歌に次のものがある（『新古今集』巻二春歌下、一四四番）。

散る花の忘れがたみの嶺の雲
そをだにのこせ春の山かぜ

この歌の本歌は次のものである（『古今集』巻一四恋歌四、七一七番）。

あかでこそおもはんなかははなれなめ
　そをだに後のわすれがたみに

引用された詞は「そをだに」と「忘れがたみ」である。意味内容の点から見れば、「忘れがたみ」が濃く、「そをだに」は淡い。しかし用語法としては、「そをだに」の方がずっと印象的で、この一句のみによって本歌取りしている歌もあるくらいである（「うき身をば我だにいとふ　いとへたゞ　そをだにおなじ心と思はん」藤原俊成）。意味の希薄な「そをだに」が印象的なのは、それの表現している論理関係が独特だからである。すなわちそれは、〈多くを望むことはできない。だから、せめてこの小さなものだけは……と思う〉という関係である。「忘れがたみ」はこの関係の中に、殆ど含意されていると言ってよい。「そをだに」が主で「忘れがたみ」は従なのであり、この本歌取りを意味の上から考えてはならないのである。事実、本歌とされた古今集の恋の歌の内容が、良平の春の歌に重要な関わりをもっている、と言えるであろうか（歌のジャンルを変更することが、本歌取りの一つのルールであったことにも、注意しなければならない――「春の歌をば秋、冬などによみかへ、恋の歌などをば雑や季の歌などにて、しかもその歌をとれるよときこゆるやうによみなすべきにて候」藤原定家『毎月抄』）。否である。たしかに、良平の歌にある二つの詞のつながりは、古今集の本歌を指示してはいる。しかし、だからといって、この本歌の世界や像、物語、情調などが、二重写しになって良平の歌を彩っているなどとは、とても言えない。この二つの歌のつながりは、引用された二つの詞に尽きている。

意味効果が何もないのであれば、何故に本歌取りを行うのか。これを特殊な技法と考えれば、この問いは答えにくいかもしれないが、自然な表現と考えれば、疑問は自らに氷解する。われわれの知的な生を構成している同化と適用のメカニズムのことを考えよう。良平の本歌取りは、まさしく、このメカニズムの一現象である。われわれは、新しい事態に向かい合い、それを記述し理解する際に、蓄積されている過去の経験知を以てする。この引き合わせにおいて、蓄積されている知の方が、新しい事態に対して、その中の或る面を強調したり、整理したり、造形したりする図式作用を及ぼすこともある。「そをだに」の場合がそれである。右に説明したようなこの言葉の表わす論理的関係が、われわれの心理経験の一つの類型をなしているならば、この図式作用は自らに機能する。「多くをあきらめ、小さな一事にすがる」ような、あるいは「残された些々たる一つのことを前に、他のすべてが失われていることを知る」というような気持になるとき、知識ゆたかな歌よみたちの心には、「そをだに」という表現が浮んできて、巧まずに本歌取りを行うわけである。

このようにして得られた良平の歌に、本歌取りによる特別の意味効果がないとすると、これは詞の勝った作歌態度ではないか。なにしろ「心よりよまずして詞よりよむは下品の事也」（『愚問賢注』）という考えが根づよい。この内容主義が洋の東西を問わないところが面白いが、この種の議論の難点は、心が詞ぬきにして初めからあるかのように思いなすところにある。表現の現実は、詞によって造形された形で心が発見されるのである。そのかぎりにおいて、詞が勝って見えるのは当然である。勿論、本歌取りの多くは有意味な言葉を引用している。そのような場合にも、右に述べた表現のメカニズムが機能している。

さつきまつ花たちばなのかをかげば
　昔の人の袖のかぞする　　（『古今集』巻三夏歌、一三九番）。

花橘の香りをきっかけとする、プルースト的な想起の体験である。この歌に詠まれた「花橘の香―袖の香―昔の人」の連合が、新しい作歌を促す図式作用を及ぼすことがありうる。例えば、祝部成仲はそのようにして次の歌を詠んだ（『新古今集』巻八哀傷歌、八四四番）。

あらざらん後忍べとや袖のかを
　花橘にとゞめおきけむ

その詞書によれば、子を喪った翌年の夏、その子の家で花橘の香をかぎ、子をしのんだという。おそらく、成仲の子自身において袖に花橘の香りがしていた、というような事実を想定する必要はない。古今集の名歌が、成仲を含む教養人たちの精神のうちに、この連想の仕組みを作り上げていたのである。そこで、

誰か又花橘におもひいでん
われも昔の人となりなば（俊成『新古今集』巻三夏歌、二三八番）

という歌も詠まれたわけである。これらの歌の場合に本歌は、二重写しに見えていると言えるのではないか。そう言ってもよい。だが仔細に見るならば、本歌は精々「あの名歌にも言う如く」という程度の関わりをもつにすぎない。この「《いわゆる》の効果」とでも呼ぶべきものにあっては、「花橘――昔の人」の連合だけが重要なのであって、この連合さえ常識として共有しているならば本歌を知らなくとも、鑑賞にさしたる支障はない。本歌は、今の歌の表現の資料的背景として引き合いに出されるにすぎない。

古歌に対する歌人の態度としては、別のものがありうる。すなわち、その世界認識に異を唱えるような形で、本歌取りをすることもある。この場合にも、表現のメカニズムは変らない。

むかしみし春は昔のはるながら
わが身ひとつのあらずもあるかな（清原深養父『新古今集』巻一六雑歌上、一四四九番）

その本歌は、業平の有名な傑作である。

月やあらぬ春やむかしの春ならぬ
　我身ひとつはもとの身にして（『古今集』巻一五恋歌五、七四七番）

これは春／月とわれの関係を軸として、古歌に対する対偶の位置をとったものである。その結果どうなったか。深養父の認識もしくは経験は、平凡なものに逆戻りしたように見える。春の光景が、つまり世界が変らずに、自分だけが年老いてゆく、というのはかなりありふれた認識である。それにひきかえ業平の歌は、真に詩的な不思議さを湛えている。春も月も変ってしまった、この自分が同じ自分であることははっきりしているのに、世界が（現に自分の目に映っているように）本当に変ってしまったのであろうか、というのである。詞書にあるように、世界が変化して見えるのは、去年あいまみえた恋人が、その風景の中にいなくなったからである。ここでは、醒めた客観的な目が情緒の中に共存し、真にロマン的な感性を示している。深養父の歌がこの歌の構図を反転させたものでないならば、ごくありふれた歌にすぎない。それを鑑賞する際には、どうしても業平の歌を反転させたものとして読み取らねばならない。本歌はここでも背景として呼び出されている。（ただし、それにもかかわらず、この関係づけを断ち、深養父の歌を単体として取り上げ、それが浅薄である、と認識することも大切である。それは、本歌の刺戟を表層的に受け止めた結果に相違ない。その浅薄さは、どこか引用の詩学と通じている）。

本歌に対する距離感が、本歌を異化し、アイロニーさえ伴っている作例を挙げよう。

詠《なが》むればちゞに物思ふ月に又

わが身一つの峰の松風　（鴨長明『新古今集』巻四秋歌上、三九七番）

る。

これが、大江千里の有名な歌（『古今集』巻四秋歌上、一九三番）を本歌としていることは、容易にわか

月みればちゞにものこそかなしけれ
わが身ひとつの秋にはあらねど

月をながめて物思いに耽った千里は、わが身をふりかえって、その思いを客観化する。長明は、この構図を更に反転させる。すなわち、千里の反省と自らの境遇をつき合わせ、自らの独特な孤独を認めて、千里の洞察を相対化している。一つには、われわれが『方丈記』を通して、長明の生活を知っている故かもしれないが、「ちゞに物思ふ」という重たい字余りと、下句に目立つ鋭い破裂音が相俟って、壮絶な効果を生んでいる。並べて読むと、千里の本歌は、なまぬるく軟弱である。長明は、千里の歌を知っていたからこそ、自らの孤独をこの歌のような形で捉えることができた。しかし、それと同時に、古歌と競いあって、より高い創造性を示している。本歌がなくても、それは自足的な効果を持っている。しかし本歌を引き合わせるならば、本歌を背景とし、それとの差異が効果を強調するであろう。

b　対話的状況と世界内創造

これ以上の作例は無用である。これらを総括すると、本歌取りには、意味効果のあるものとないものとが存在するが、表現の構造においては一致している。すなわち、歌人は自身の経験とともに古歌のレパートリーを持っており、両者が相俟って、かれの精神世界を構成している。この過去的な要素が、新たな経験を造形する元手となる。新しい経験が過去の知を再確認し、強めることもあれば、それを否認するように働くこともある。いずれにしてもそれは、古歌の世界との対話的な状況と見られる。

興味深いのは、『愚問賢注』における頓阿の評価である。本歌取りに関して、かれは五つの類型を区別しているのだが、久保田淳に従えば、頓阿自身は「第三の取り方を理想としており、その名手として定家を重んじていたのではないか」（「本歌取の意味と機能」）と考えられる。第三の類型とは、「本歌に贈答したる体」である。頓阿がこの「贈答体」を基本と見たということは、本歌取りという引用の原点を示唆するもののように思われる。歌人たちは、白紙に歌を書き込んだわけではない。古歌を知り、周囲で詠まれている歌を知って、それらがかれの精神世界を形成していた。生活の中の経験がかれに作歌の機会を提供したとき、その歌の心を結晶させる核となったのは、この精神世界であったし、特に或る歌の特徴的な語句（「詮とおぼゆる詞」）が核となるときには、本歌取りが行われる。この時代にあっては、歌人がすなわち歌の読者でもあったから、古歌の世界は読者によっても共有され、コミュニケーションの基盤を構成していた。かくして、作歌そのものが、自らの経験と歴史に根ざした精神世界の間の、言い換えれば、自己と他の歌人との、応答によってなされていたのであり、本歌取りはこの応答の状況が語句の上に表われてきたものに他ならない。特に「贈答体」は、この状況自体が具体的な形をとって意識化されたものと見ることができる。この意味で、「贈答体」は本歌取りの、あるいはさらに歌を詠むことそのものの基本状況を、最も顕著な形で、典型的に表現しているのである。

このような創作態度は、世界内創造とでも形容することができよう。歴史的に形成されてきた具体的な世界の中に生き、そこから刺戟を受けつつ反応を返し、その反応を彫琢することが人間の創造なのである。右に取り上げた例において本歌との関係は様々であったが、「世界内創造」であるという基本構造については一致している。良平のように「そをだに」という語句を借りただけと見えるものも、「花橘」について形成された連合に基づいて詠まれた二首も、また、深養父や長明のように、古歌に対して異を唱えるような趣きのものも、すべて「世界内創造」である。

「世界内創造」によって産み出された作品は、世界に向かって開いた性格をもつ。本歌取りという非明示的引用に伴う「目くばせ」は、テクストをその背後に向かって開放するシグナルである。その目くばせ効果は、良平の「そをだに」のように何の意味効果も持たない作品にも、独特のたたずまいを与える。それは引用という表現行為に固有のレトリック的効果であるとともに、教養的な共同体の仲間との絆を確認する道徳的効果でもある。

意味効果を伴う本歌取りの場合、その意味効果もまた、この開放性に基づいている。すなわち、それは当の歌と不在の本歌との関係によって産み出されるものである。ヤコブソンの詩的効果に関する有名な定義を思い起こそう。すなわちヤコブソンによれば詩的効果とは、等価性の原理を範列軸から統辞軸に投影するところに生れるものである（「言語学と詩学」）。範列軸とは不在の等価なものとの関係であり、統辞軸とは現前するもの同士の隣接の関係である。従って、この定義の精神は、テクストの字面に作品のすべての要素をさらけ出すことであり、テクストの中に与えられているもののみによって効果を考えることであって、略言するならば、作品の完結性を前提とすることである。本歌取りの詩学との対比は明らかである。

＊

大切なことは、近視眼的にものを見ないことである。声高に語る人びとのレトリックにまどわされずに、事柄の原点を見つめ、何処に明日があるかを考えることである。想の詩学をつきつめた引用の詩学に明日があるのか、本歌取りの詩学に明日があるのか、それが問題である。前者には神になろうとする野心と抽象の精神が宿っており、後者は冒険するために人間の条件を受け容れようとする叡智を表現している。最も基本的な争点である主体の問題において、対立は鮮明である。われわれの身体は質料の海にひたっており、刻々のその輪郭は思うほど明瞭ではない。精神も同じである。あるいはより一層判りやすいかもしれない。われわれの知識も考え方も、われわれのものでありながら、そうではない。殆どが習得したものである。多くを学んではじめて、わずかに創造を行う、というのが現実である。しかしそれにもかかわらず、その「わずか」にわれわれは、誤たずに天才の標を見ている。

借り物だらけであっても定家の名歌はまぎれもない創造性の迫力を以て、われわれに迫ってくる。

大切なのは創造上の先行構造を認知することである。殆ど無名の他者の実体によって構成されているような、しかしそれにもかかわらず、われわれが確かに個性を認めている創造主体、そして、創造上の先行構造、これら人間的創造の条件を表現している事実は、普通の意味での引用の中に確認することができる。すなわち、明示的引用―非明示的引用―地の文の区別は、自他の区別、借用と創造の区別に対応しているが、実はごく相対的なものである。これらは概念的には截然としているが、実態においては、連続するスペクトルを描いでつながっている。

引用符を消去する過程は、われわれが様々の知識や情報を同化する過程、あるいは学習の過程である。初め、未知の思想や情報は、純然たる他者として現われてくる。それは、取り組んで理解し、批判すべき対象である（引用符の段階）。次にそれは、検証済みの、そして多くの人びとに共有された知となる（非明示的引用の段階）。そして、同化の完成は、適用の能力の獲得にある。すなわち、その知を以て、他のより新しい、他なる思想や情報を同化するための手立てとすることである。このような適用が行われるのは、その知が既に自らのものになっているからである（地の文の段階）。そして、この適用が古い知を新しい現象にふり向けるものである以上、そこに創造的性格をみとめることができる。これを創造の側から言い換えるならば、創造のためには、既に自己に同化されている旧いものが必要だ、ということである。

独創的創造への偏執を捨て、創造の人間的条件を受け容れ、それを生きること、そこにこそ、われわれのポスト・モダンがある。

参照文献

本章は、参照した文献を注記していない。ただし、このテクストの初出である《シリーズ・現代哲学の冒険》は、一つの編集方針として、それぞれの論文のあとに「読書案内」をつけていた。そこに挙げた文献を列挙する。


宮川　淳「引用の織物」、高階・中原編『現代美術の思想』、講談社、所収。

久保田淳「本歌取の意味と機能」、『日本の美学』第十二号、ぺりかん社、所収。

徳丸吉彦「日本音楽における引用」、同誌所収。

J・クリステヴァ「言葉、対話、小説」、『記号の解体学――セメイオチケI』所収、原田邦夫訳、せりか書房。

R・バルト「作者の死」、『物語の構造分析』所収、花輪光訳、みすず書房。

浅沼圭司『象徴と記号』、勁草書房。

同『映ろひと戯れ』、小沢書店。

庄野　進「現代の音楽における引用」、今道友信編『藝術と想像力』、東京大学出版会、所収。

渡辺　裕「伝統受容行為としての作曲」、『美学』第一二八号、美術出版社。

同「音楽における引用の認定」、『国立音楽大学研究紀要』第一七集。

吉川英史「日本音楽における象徴技法」、『美学』第八〇号、美術出版社。


「読書案内」は、その趣旨からして、わたくしが準拠した文献だけを挙げるというのではなく、この問題（引用）についての重要な文献を紹介する、という狙いがあった。だからそこには、わたくしが全く共感しないものも挙げてある。本章において、わたくしが特に参照し教えられ、準拠したのは、本歌取りに関する久保田淳の論文である。

6　遅れて来た近代 ――作品・作者・読者――

0　「作品・作者・読者」――読みのシミュレーション

論を起こすに当たって、主題を呈示するのがこの序論の内容である。ただし、この序論においてだけ、その形式の上でささやかな工夫を凝らしたい。詩で詩を論じたホラチウスやボワローの伝統を思い、音楽で音楽技法を語ったJ・S・バッハの『平均律クラヴィーア曲集』や『インヴェンション』のひそみに倣い、当の内容を実演しようと思う。すなわち、「読み」が展開される次第を具体的に示しつつ、そのなかで「読み」を焦点とする主題を設定する、ということである。ここで例示する読みは、近年の読書論や読者論における議論に準拠し、文体的にも特に記号論的な用語を借用して、一種戯作《パスティッシュ》のようなものとなるはずである。

読みの実例を示すと言っても、何を読むのか。読みを実践するためにはテクストが必要だ。ここで読みの対象とするテクストは、本章の副題「作品・作者・読者」である。これはこの論考の原点となったもので、或る講座の編集部から呈示された表題であった。これを受け、それを解釈して、わたくしは具体的にどのような論文が求められているのかを思案したわけである。この三語からなるフレーズは作品とは言えないが、一つのテクストであり、解釈の対象となる。書物や論文に限らず、絵画、演劇、映画その他における表題はことごとく、商品名などとともに、最短のテクストと見ることができる。

「作品・作者・読者」に関する論文の執筆を依頼されたわたくしは、即座に、「読者」が中心主題なのだ、或いはこれを中心主題にしよう、と考えた。速断もしくは早合点である。早合点ではあっても、そこには解釈の手続きが介在している。解釈に際しては、コンテクストを参照し、問題のテクストの性質（或いはジャンル）を見定めた上で、しかるべきコードが適用される。コードとは、理解を導き限定するための一般的な筋道と規制のことである。「作品・作者・読者」というテクストは、執筆依頼というそのコンテクストにおいて、編集部の意向を伝える一種の説明文という性質をもつ。そしてそこに適用されるべき主要なコードとしては、この説明文をもとにして筆者が論文の執筆を引き受けるかどうか態度を決定する、という実践的目的がある。このコードに関して重要なのは、執筆者が提案を受け容れて論文を書く場合、その主題設定においてかなりの幅が認められている、という点である。三つの概念について書くことを打診され、その中の一つに注目しようとしたわたくしの反応は、まさにこの「幅」を念頭においてのものだった。ただし、他の二つの概念を切り捨ててしまうというのではなく、「読者」の視点に立って与えられたトリアーデを考える、ということである。このようなメリハリの付け方は、許容されている「幅」の範囲に十分収まる。

では、何故この視点を選ぼうとしたのか。これについては、先ずわたくし自身の個人的なコンテクストが関係している。わたくしはかつて『作品の哲学』という一書を公刊しており、この視点からの考察は一応既に済ませている。加えて「作者」に関しては、思想史の枠の外では、差し当たり問題意識が熟していない。ところが「読者」に関しては、論じたいという気持をもっていた。われわれの周囲で語られている読者論もしくは読書論の殆どは、欧米の理論の紹介か援用である。そしてそこには記号論的なものと、文学研究から生まれたものとの、二つの大きな潮流が認められる。しかしそのいずれにしても、理論的な議論ばかりが先走り、われわれの読書経験の実感を置き去りにしている、そのようないらだちをわたくしは覚えていた。そこで、素朴な経験から出発して「読む」という行為を考察してみたい、と思っていたのである。このように、わたくし自身のコンテクストのなかに、「読者」を選ばせる要因が確かにあった。

しかし、それは同時に編集者の側の意図でもある、という確信めいた思いもあった。なにしろ、わが国の論壇では、舶来の「読者」は流行の話題の一つだからである。「作者」が引き合いに出されるのは、専ら読者の敵役としてであるし、編集者が「作品」を組み合わせ、しかもトリアーデの最初に置かれたのは、わたくしの旧著を考えて下さってのことに相違ない。本来、「読者」を中心としてそれに取り合わせるのであれば、「作品」よりは「テクスト」の方がふさわしい。現に講座においてこの論考の収録される巻は、「テクストと解釈」と題されている。そう考えたところで、わたくしは立ち止まった。そうなると、或いは逆なのではないか。「テクスト」と言わず、敢えて「作品」と言っているのであれば、「読者」に焦点があるのではなく、むしろ、少数意見としての「作品」派からの意見が求められているのではないか。こうして、別の読みの可能性が現れてきたわけである。

ここで少し注釈を加えたい。わたくしの側の反応に二つの方向のあることが判る。自分のコンテクストにものを言わせる天動説型もしくは自己主張型と、発信者の意図を尊重しようとする地動説もしくは気配り型である。これは画然とした二つの類型というよりも、程度の差異を含んだ基本的な方向の問題である。このうち、地動説―気配り型のメッセージの受け取り方を解釈と呼び、天動説―自己主張型を読解もしくは読みと呼ぶ。このように言えば独断的に響くかもしれないが、この考え方も呼称もかなり一般化したもの、と思われる。それは西洋語からの借り物の概念であり、われわれの語感の上でしっくりしないところがあるのは、やむをえない。

この方位の違いは、テクストの性質に関する了解と、そこに適用するコードとの違いに由来する。更にその背後には価値観もしくは世界観の違いがみとめられる。解釈派は、この種の企画ものにおいては全体のプログラムが大切であり、できる限りその編成を尊重すべきであると考える。それに対して読解派は、最も重要なのは面白い論文を書くことであり、そのためには与えられた課題にこだわることなく、幅を最大限にとって、自分が書きたいものを書くのがよい、と主張する。わたくしはと言えば、ここではできるだけ解釈派に近づくべきだ、という考えをもっている（講座という出版物についてのわたくしの考え方である。自分が編者の立場なら、全体の構想を尊重してほしいと思うだろうし、読者としてもまた、一人ひとりの著者に、集約された議論を期待したいからだ）。そこで、先程の反問に戻ることにしよう。編者からの「作品・作者・読者」というメッセージは、「作品」の側からの少数意見を求めているのではないか。

わたくしの最終的な解釈（主題の設定）を決定したのは、実は別の要因である。「早合点」したときわたくしは、メッセージの発信者（編集者）のコンテクストを忘れていた。すなわち、この講座の趣旨そのものである。これが「現代思想」という講座であることは、承知していた。「読者論」というのも現代のトピックスの一つであり、この主題が「現代思想」の一環なのだ、と思っていた。しかし、この場合の「現代思想」には「思想としての二十世紀とはなにか」という副題がある。ということは、この講座の趣旨は二十世紀思想の大回顧展のようなもの、ということになろう。そうなると、読者と解釈について思索をめぐらすというよりも、思想史的な展望を与えることが主眼である。

このコンテクストのなかで「作品・作者・読者」というテクストを読み直してみると、何が見えてくるか。それは、二十世紀の思想を位置づけるマクロな近代思想史的な展望である。それは二十世紀的というよりも、より古い近代的な理念と見るべき「作品・作者」が組み合わされているところから、生まれてくる解釈である。先刻ふれた作品とテクストの対比を少し説明しておきたい。この二つはどのように違うのか。われわれのミニ・テクストのように、作品でないテクストも存在するが、多くの場合、実体的には両者は一致する。そのとき、両概念は実体的な区別ではなく、アスペクトの差である。作品が本質的に存在概念であるのに対して、テクストは機能的概念である。すなわち、解釈や読解の対象となった場合の作品のあり方を指してテクストと呼ぶ。テクストを規定するとき、殆どの西洋人は「織物」という語源的意味を引き合いに出し、読みのなかでテクストがテクストとして織りなされる、と主張しようとする（その際、織り手は作者だけではなく、と言うよりも作者であるよりはむしろ読者である）。しかし、われわれ日本人のなかにテクストをテクスタイルに結び付ける語感などありはしない。われわれの知っているテクストとは、端的に教科書のことである。そしてこの語義は、テクスト論もしくは読書論の持ち出すテクスト概念に、正確に妥当するものとわたくしは考えている。テクストとは、先ず難しい単語については辞書をひき、黙読し音読し、予習し復習して、時には問いを与えられて特殊な読み方で再読する、そのような言語的作品のことである。読みの対象として主題化された作品がテクストに他ならない。

読者にふさわしいのが作品ではなくテクストであるとすれば、われわれのトリアーデは、一見整合的と見えながら、実は三つの概念の間に微妙なずれがある、ということになる。そもそも三つの概念をつないでいる点（ナカグロ）は、独特の曖昧さをもった記号である。その意味を、解釈するなり恣意的に設定するなりして、明確に規定しなければ、われわれの主題も確定しない。ナカグロは「と」をも「または」をも意味しうる。この選択を支配する大きな要因は、ナカグロによってつなげられている名詞同士の意味論的な関係で、対立が顕著な場合ナカグロは「または」の意味となり、そうでなければ「と」になる（「○・□」という表現の空間的な像が現前の「と」を示唆する。「または」は本来、不在の関係である）。「作品・作者・読者」はまさしく「と」の関係を示唆している。しかし「と」が常に「同時的現前」の関係を意味するとは限らない。そこに「継起性」を読むことは十分可能である。同時性は平和な共存のストーリーを、継起性は闘争的な歴史のストーリーを表現する。

「読者」と「作者」の間にある、意味というよりも文化の上での含意の差異は、闘争史のストーリーを示唆している。これが、「作品・作者・読者」というメッセージを読んで、わたくしの到達した結論的な主題である。すなわち、現代の関心事である「読者」を到達点として、文学もしくは藝術の王国において繰り広げられてきた近世以来の主権争いの歴史をつづり、それによってこれに関する二十世紀思想の位置を明らかにする、ということである。三つの概念に与えられた順序は、そのままヘゲモニーの歴史的な順序と見ることもできる。かくして、ここまでは記号論的なもの言いをしてきたが、以下の本論は純粋な思想史的な考察である。

1 作品の存在論

作品も作者も読者も、文化の誕生とともに古くから存在する。そのことと、これら三者が思想的な問題として認知されるということは、全く別の事柄である。われわれの関心事は言うまでもなく後者の方にある。最初に取り上げるのは作品概念だが、その近世史を考えるに際して第一に注目すべきは、フランス語において作品を表す単語が二つある、という事実である。この二つは作品の二つの存在位相を示している。今日普通に作品の意味で用いられるのはœuvreという単語だが、この他にouvrageという語がある。こちらの方もよく用いられる単語で、現代では「著作」を意味するが、十八世紀頃までは、むしろ建造物を指すのが基本だった。すなわちそれは、作品の客体的な存在様態を表現する概念だった。それに対してœuvreは、語義の上で作者とのつながりを濃厚に含む概念である。この語の古典的な意味を示す最も重要な成句は、おそらくbonnes œuvresであろう。これはラテン語のopera bonaのフランス語版で、それが言うところの「よい作品」とはこの世における「善行」のことである。現代の普通の用法では「慈善事業」を指すが、本来のキリスト教神学の文脈では「功徳」となるような行為を指していた。このœuvreは、客体的な「作品」ではなく、むしろ主体と不可分の「しわざ」もしくは「しごと」である。われわれの美学的な主題に神学は無縁、と思うのは大間違いである。作品を主体と結びつける思想の原型がここにある。更にこの神学的概念は、わたくしの議論にとって極めて本質的なものなのだが、そのことはこの先、第4節の主題となる。

作品の思想史の第一章として指標的な価値を認めるべきは、デカルトの哲学である。デカルトは作品という概念を主題として論じているわけではない。しかし、その哲学の全体は、作品という存在様態をモデルとして構築されたもの、と見ることができる。すなわち、デカルトにおいて、哲学は人間の作品として構想され、宇宙は神の作品として理解されている。その概略は次のごとくである。

先ず、哲学者の作品としての哲学という面で注目すべきは、その方法論であり、就中、方法を構成する四つの規則のうちの最後、すなわち「枚挙の規則」である。第一の規則は真なる認識を性格づける「明証性の規則」で、明証的に真ならざる一切の認識を排除する。第二は複雑な問題を小部分に分ける「分析の規則」、第三は、その分けられた部分を並べ変えて、単純なものから複雑なものへと進む「綜合の規則」である。このあとに置かれた「枚挙の規則」はこの綜合の過程を通覧し、見落としがないことを確認する過程である。この方法が定着している数学の証明の場合、枚挙は検算に相当する。そうなると、この規則は用心のための付け足しのようなもの、と見られがちだが、そのような見方は全くの見当外れである。分析し綜合したところで、真理認識の場所である明証性にはつながらない。明証性の規則は、精神に対する認識対象の直接かつ全面的な現前を要求する。それは現在的瞬間的、あるいは超時間的な認識である。それに対して、分析と綜合のプロセスは、対象を分割し並べ変えることであり、そこに作り出される秩序は時間を含んでいる。すなわち、その推論過程は初めから明証性の要求とは逆の方向を向いているのである。しかもそれは真理認識のための方法なのであり、真理は明証的認識でなければならない。この間隙を埋めるのが「枚挙」である。「枚挙」とは、分けられ並べ変えられたものの全体を、瞬間的に現前させる明証性のパフォーマンスなのである（『方法叙説』だけでなく、『精神指導の規則』の第七の規則をも参照せよ）。

この全体の超時間的現前の点で、デカルトの方法は作品をモデルとしている。そのことを確認するには、この方法論を『方法叙説』第二部全体の文脈のなかに置き返して見ればよい。この方法論を結晶させる糸口としてデカルトが語っているのは、建築史家たちが「デカルト的都市」と呼んでいる都市、すなわち、野原の上に定規とコンパスで作った城塞都市である。その趣旨は、一人のひとの意図に従って作られた建物や都市は、何世代もかけて徐々に作られたものに較べて、より整然として完成度が高い、というのである。ここでデカルトは、一人のひとの計画に固有の規則性と、その結果である作品の全体的統一性を強調している。その統一性は、全体を一挙に捉える直観性の函数として考えられており、そこに、明証性のパフォーマンスとしての枚挙とのアナロジーがある。

都市は ouvrage の典型である。その都市をモデルとして構想されたデカルトの方法もまた、客体的統一性という点で ouvrage 的である。それにもかかわらず、そこでデカルトは既に、一人のひとの計画という点を強調していた。『哲学の原理』のフランス語訳の序文において、かれは哲学体系全体の構想に関して、同じことを語っている。このように仕事を人格的な統一と結びつけるのは、œuvre 的な論理である。そして、この点でかれの哲学体系は、ある程度まで、œuvre をモデルとして構築されている、と言うことができる。その性格が最も顕著に示されているのは、自然哲学である。

自然あるいは宇宙は神の作品であり、その本質において作者である神の刻印を帯びている。その神の性質は、自然法則のなかに現れてくる。自然法則とは、この宇宙を創造した神が、造りっぱなしではなく、それを刻々と保持している、その運営規則であり、それは或る意味で、神の行動様式と見られるから、当然「神らしさ」が現れてくるわけである。デカルトの機械論的自然観において、一切の変化と生成は運動に還元される。従ってその自然法則は運動に関するもので、その数は四つである(『哲学の原理』第二部第36～40節)。第一は運動量保存の原理、第二は慣性の法則、第三は運動の直線的方向性に関する法則、第四は物体同士の衝突後の運動に関する法則である。これらは四つとも恒常性もしくは不変性という特徴を共有しているが、それは神の本質的属性である「不変性」を表している。このようにして作者である神は、自らの作品である宇宙に自らの刻印を与えているわけである。

以上、デカルト哲学がその主要な論点において、作品をモデルとして構築されていることを、かいつまんで示してきた。勿論、このことが直ちに文学やその他の藝術における作品概念の重要性を示している、というわけではない。文学における作品概念への目覚めとしては、大分時代が下るが、ゲーテの『詩と真実』の序文(一八〇八年)を挙げよう。この自叙伝は、全十二巻の著作集の出版を機に構想された。ゲーテの多彩な作品が同じ形の書物にまとめられる。この物質的な統一性は、元をたずねれば、作者であるゲーテの精神的な統一性に由来するものである。そこで作品を説明する生涯の告白が企てられたわけである。

その後の歴史は、近年の批判を通してよく知られている。すなわち、作品は作者によって説明されるという考えから、作品の研究は作者の研究に、特にその伝記的な研究に還元されてきた。この前提となっている作品観は、デカルトにおける神と宇宙の関係をめぐる思想と変わらない。しかし、作者が神から人間に変わった場合にも、作品に対する関係がそのまま同じ形で保たれる、と考えるのは早計である。「作者」に視点を移そう。

2　作者の誕生

近年では、作者の死を語るひとはいても、作者の誕生を考察するひとはいない。あたかも「作者」は太古の昔から存在していたかの如くである。またそう思わなければ、「作者の死」はセンセーショナルな出来事とはならない。しかし、作者が誕生したのは、実はたかだか二世紀ほど前のことにすぎない。

もう一度デカルトに戻るのがよい。超絶的な作者である神は、物質的な宇宙のみならず、精神のなかにも自らの刻印を残している。『第三省察』の末尾近く、次のような一文がある。「固より、神が、私を創造するにあたって、この観念を、あたかもそれが自己の作品に刻印された製作者のしるしででもあるかのように、私に植えこんだ、ということは、驚くに当たらないことであるし、またこのしるしが作品そのものと別箇の或る事物《もの》であるという必要もないのである」（所雄章訳）。

デカルトの形而上学は、周知のように、「考えるわたくし」を絶対に確実な存在として、また懐疑を打ち破る拠点として確立した上で、そのわたくしのなかにある神の観念を手掛かりとして神の存在を証明し、その神の保証によって外界の存在を証明するという過程を踏んで展開される。右の言葉は、わたくしのなかの神の観念に関わる議論のなかのものである。われわれの問題は、言うまでもなく、神の存在論的証明ではなく、作品のなかに残された作者のしるしという思想である。このくだり、特に右の引用文の後半部分は、ガッサンディには理解の及ばない、馬鹿げた主張と思われた（『第五の反論』）。その反論に対する答弁のなかで、デカルトははっきりと説明している。アペレスの絵には、独りアペレスによってしか描くことのできないほどの技巧が示されており、またその技巧は、かれのすべての絵のなかに見てとれる。その卓抜な技巧こそ、その絵がアペレスの手になるものであることを示すしるしに他ならない、と。

ここでデカルトの用いている論法は、かれの独創ではない。かなり古くより伝えられた一種のトポスであると思われる。わたくしが知りえたなかで最も古い用例は、四世紀のギリシア教父アタナシウス（『反異教徒の説教』）のなかに見られるし、近くはサヴォナローラの説教（『エゼキエル書第二十六章についての説教』）のなかにも見られる。作品のなかに作者が現前することは古来認められていた、ということになる。しかし、注意しなければならない。われわれにとって作品への作者の現前とは、ドラクロワの絵のなかにドラクロワらしさをみとめ、ボードレールの詩のなかにボードレールの声を聞くことであって、現前している作者とは精神的個性としての作者である。しかし、古来のトポスが認めていたのは、技巧の主としての作者の現前である。個性は水平的な差異であり、同位の作者をいくらでも見分けられるのに対して、技巧は一元的で垂直的な位階であって、確実に弁別されるのはその頂点だけである。デカルトは画家アペレスを、またアタナシウスは彫刻家ペイディアスの名を挙げている。つまり、他にはないほどの技巧の持ち主しか、作品においてその存在を見分けることはできないのである。

このような卓抜な技巧は、個性の忘却と表裏をなしている。近世において藝術の成功は美という一元的な価値によって測られた。成功した作品とは、美しい作品のことである。そこでは作者は作品世界の背後に姿を隠す。十九世紀以後の常識とは異なり、作者の個性が見えてくることは、むしろ失敗あるいは力量不足のしるしと見られる。「アディスンは詩人の言葉を話し、シェイクスピアは人間の言葉を話す」というS・ジョンスンの言葉が（『シェイクスピア序説』）、そのことを雄弁に物語っている。この藝術上の理想は、十八世紀美学の基調をなすイリュージョニズムが表現しているところである。

では、個性としての作者は、いつ頃、どのようにして現れてきたのか。第一に注目すべきはJ＝J・ルソーの読者たちである。ダーントンの研究（『猫の大虐殺』のなかの「ルソーの読者」）は新しいタイプの読者像を描出している。すなわち、かれらは『新エロイーズ』や『エミール』のなかの作中人物と自らを同化させ、それが自らのことを描いているとまで思い込んだ。そしてかれらは、己の完全な理解者としての作者の存在を作品のなかに読み取り、読み取った作者の姿を現実のジャン＝ジャックと重ね合わせた。ルソーは単なる技巧に秀でた作者としてではなく、そのような思想と感受性の持ち主として、言い換えれば精神的個性として愛されたのである。

ここには、思想の変化の興味深い実態がのぞいている。ルソーの読者にとって、作品世界はもはや完結したイリュージョンの世界ではなく、現実のジャン＝ジャックに向かって開いている。しかし、何故そのような読み方がなされたかと言えば、それは過激なまでに作中人物に同化した結果であり、イリュージョニズムがその前提としてある。イリュージョニズムが極まり、現実をも飲み込むに至った。かくして、これまで作者を単なるわざの主体というあり方に閉じ込めていたイリュージョニズムが、個性としての作者への道を開くに至ったのである。

更に進んでこのイリュージョニズムそのものが壊れたとき、作家は更に直接的に、読みつつある読者に対して姿を現すであろう。この動きの原動力となった大きな傾向として、作品のはらんだ思想もしくは理念の次元に対する関心の増大があり、その典型的な標識はアレゴリーもしくは象徴概念の形成である。だが、われわれにとって問題なのは、ただ作者の現前に注目する新しい読み方だけである。そのような読み方の理論として、わたくしが知りえたなかで最も古い文献は、詩人シラーの美学的論考『素朴文学と情感文学』（一七九五〜九六）である。ここでシラーの対比している二つの文学類型のうち、情感文学がかれの言う近代文学であるのに対して、素朴文学とはホメロスやシェイクスピアの文学を指し、われわれの文脈で言うならば、まさに作者の存在を消去するイリュージョニズムの文学である。シラーにとってイリュージョニズムは既に疎遠なものとなっている。初めてシェイクスピアを読んだときのとまどいを語るシラーの言葉を聞こう。「私が近代の詩人たちに親しむことによって作品のなかに先ず作者を尋ね、彼の心に出会い、彼と一緒になってその対象を省察するように……惑わされていたので……」（石原達二訳）。この近代性こそ、作者の誕生のしるしである。

3　作者の死と読者の誕生

最後の段階への移行は、まさに二十世紀の出来事、それも世紀後半に進行してきた思想上の変化である。過去半世紀間をふりかえるならば、権力の移管に関するすべてのドラマを捉えることができる、と言っても過言ではない。

現今の読者論につながる直接の起源を、ニュー・クリティシズムのなかに求めることに異論のあるひとは、少ないだろう。ニュー・クリティシズムは、作品解釈の拠り所を作者の意図や伝記に求める十九世紀的な態度を明瞭に拒み、その解釈作業をテクストの内在批判へ集約しようとした。その立脚点を象徴的に示しているのが、一九四六年に雑誌に公表されたラムサットとビアズレーの共著になる「意図への誤信」という論文である。この表題の意味は、この上説明するまでもあるまい。作者の意図を参照することを拒み、テクストのなかに沈潜する態度は、自づから構造主義と記号論の詩学へと継承された。この段階ですでに、作者から作品（テクスト）への権力の委譲がなされた、と言うことはできる。しかし、特に構造主義や記号論において、それは同時に作品の自律性の喪失を伴う動きであった。なぜなら、理論家たちの関心は、特定の環境においてコードがどのように機能し、どのようにして意味を生み出すかという仕組みの解明に向けられていたからである。コードとは常に一般的なものであり、あるいは少なくとも客観的なものである。構造主義は客観的な解釈を支え、促したと言うことができる。

しかしこのように客観性を志向する理論においても、解釈は解釈者の能力及び個性と相関的である。解釈の素材となるすべての要素はテクストのなかにあり、それらを支配すべきコードは客観的なものであるとしても、いかなる要素に注目し、そこにいかなるコードを見出すかについては、解釈者の知識や感受性によってさまざまである。客観性を追い詰めれば追い詰めるだけ、読者の役割の重要性が浮き彫りにされざるをえなかった。テクストに移された支配権は、直ちに読者の手に渡ったが、それは必然であったと言うことができる。代表的な記号論者だったロラン・バルトは、一九七三年の時点で既に、次のように言っていた。

> バシュラールの手にかかると、作家たちはまるで書いていないかのようだ。彼らは、奇妙な断面を通して、ただ読まれているだけだ。バシュラールはこうして読書《レクチュール》の純粋批評を確立することができた。しかも、快楽を土台としてそれを導いたのである。（『テクストの快楽』沢崎浩平訳）

バシュラールはあちこちの詩人から数行ずつ引用してきては、自らの論旨にはめこみ、自らの著作を構成する。そのコラージュ的評論は、確かに「引用の織物」である。勿論、一篇のソネットを解釈する場合にはそうはいかない。テクストの全体性が尊重されなければならない。しかし、そのなかで、或る音の関係に注目したり、更には或る語と別の語とを関係づけたりするとき、読者はいかほどかバシュラール的な操作を行っているのではないか。ましてや、特定の作品を全体として解釈するという制約を免れているとき、読者は大きな自由を行使してテクストを読むのではないか。言語学的なコードは最大限尊重されているであろうが、その他の点では、気まぐれな読み方を妨げるものは何もない。分語法《トメーズ》という修辞技法にことよせて、バルトが「飛ばし読み」に対して示した関心は、そのことを物語っている。

このように気まぐれな読解の主張は、読者の自由の限界に関する議論を惹起する。或いは、「テクスト派と読者派の論争」（フィッシュ）、より正確に言えばテクストと読みの間の権力闘争である。テクストの規定性と読み手の自由処理の相互の限界における、せめぎあいである。しかしこの論争は、少し距離をとって眺めてみると、かなり見掛け倒しの感が否めない。「地平融合」を語ったガダマーの解釈学や、それを受け継いだイーザーの読書論などの比較的穏健な立場に対して、フィッシュのような人の読者中心主義は、確かにラディカルな立場と見える。テクストの支配力の限界の問題に関連して、「たとえばスタンリー・フィッシュは、この問題と取りくんでつぎつぎと立場を変化させてきている。立場が変わるごとに、それまではテクストに属するとされていたものが、構成者としての活動に帰されるようになる」（カラー『ディコンストラクション』富山・折島訳）と評されたりする。しかし、そのように思うのは、「ラディカルだ」というフィッシュの自己宣伝に乗せられた結果ではないのか。

確かに、定型詩における「行の終わり」のような、テクストの形式的構造までが読者の読みによってもたらされる、という主張は徹底している（この説は次節で検討する）。だが、このばかげた行き過ぎは、フィッシュ自身によって修正されている。少なくとも、かれの七〇年代の論文を集めた『このクラスにテクストはありますか』（一九八〇年）のなかでフィッシュが最終的にたどりついた「解釈共同体（interpretive community）」の考えには、急進的なところなど何もない。「意味というものが、固定し安定したテクストの属性ではなく、また自由で独立した読者の属性でもなく、読者の活動の形およびその活動が産出するテクストの双方に責任をもつ解釈共同体の属性である」（小林昌夫訳）、というその考えは、穏健すぎる位のものである。フィッシュは「解釈共同体」が自らの読者中心主義を補強するものと考えているらしい。「あらゆる対象は発見されるのではなく作られるのであり、われわれが発動させる解釈戦略によって作られる、というのが結論である」(同上)。確かに、この言葉は一見過激である。しかし、「作る」と言っても、ひとを驚かせるものが作られるわけではない。例えば定型詩の行の区切りを捉えることが、解釈者の「作る」ことなのである。解釈共同体とは、解釈に際して誰にでも共通のコードを提供する貸衣装屋のようなものである。ここには、わたくしのような作品派が受け入れられないものは何もない(本章の序節、拙著『作品の哲学』第五章「作品のア・プリオリとしての解釈学的意志」を参照のこと)。むしろ、物足りない。わたくしは、傑作にはわれわれを驚かせるような発見の余地が常にあり、その発見は解釈者の創造力によってもたらされる、と考えている。しかしそのような次元は、「解釈共同体」という平均値に還元されたフィッシュの解釈論のなかでは、ついに開かれてこない。

このようなわけで、興味は、この読者論の細部ではなく、むしろ何故それが人びとの関心を集めているのか、ということに向けられる。これはもはや美学的な問題ではなく、社会学的もしくは社会心理学的な問題である。それでも、わたくしとしては、一、二憶測を述べてみたい。

われわれは、例えばバルトの読解の最大の成果である『S／Z』を、どのようなものとして読んでいるだろうか。理論書として読んでいるのでないことは、間違いない。これはバルザックの小説につけられた周到な注解である。それは小説の順序に従って書かれているのであって、バルトの理論の順序に従っているわけではない。それは親切な読本のようなものである。われわれはそれをむしろ一種の小説のようなものとして読む。バルトの加えた注解は、われわれでも小説を読みながらつぶやくかげの声を、文字にしたようなものである。その意味では、より小説らしい小説、と言えないこともない。しかも、それは読者であるかぎりの読者なら、誰にでも書ける可能性のある類の小説である。つまり、読者にとってずっと身近な小説なのである。

だが、バルザックの小説を、うらの声でつぶやきながら読む読者は、新刊小説の消費者とは違う。この知的な読者の典型は研究者である。フィッシュが仲間である文学研究者たちを攻撃してスキャンダラスな名声を挙げたらしいことは、面白い。「テクスト派」の研究者たちは、実はテクストの権威の守護者であり、担い手であり、自ら権威である。それが誰に対する権威か、ということを考えると き、「読者派」のフィッシュは学生に対するアジテーターだったのではないか、と思われてくる。かれの書物（二万部売れたという）の読者は、不安を覚えた研究者と、抑圧する権威を引きずり降ろす可能性を感じた学生だったに相違ない。これは所詮、コップのなかの嵐である。

いまセンセーションを以て迎えられている読者論は、女性論と瓜二つである。受け身の立場に置かれてきた弱者の反乱である。いま読者は、これまで作者の独占してきた創造性に対して、権利を主張しているのである。しかし、少なくとも読者論の場合、その主張は散々聞かされてきた古い話のような印象を禁じえない。近代精神史の全体に視野を広げるならば、その次第は自づから見えてくる。この点の説明が、われわれの最後の課題である。

4　近代の余韻としての読者論

フィッシュのようなひとの主張を聞いたとき、わたくしのなかで、それは直ぐに一つの思い出と結びついた。随分古い個人的な思い出である。小学生のときの遠足で、中央線の電車に乗った。そのとき、級友のなかに知恵者がいて、かれは電車のドアを自分が開閉しているのだ、と言い張る。駅に着くとドアに手をかけ、力を入れて開閉をするようなジェスチャーをする。嘘であるのは明らかなのだが、かれの主張を否定する根拠が見つからない。そこでわれわれは、電車が走っている最中に、ここでドアを開けてみろと迫ったが、かれは動じない。そんな危ないことを自分はしたくない、と言い張る。結局、誰もかれを言い負かすことはできなかった。

予定調和説を学んだとき、このエピソードを思い出し、それ以来わたくしの記憶のなかに鮮明に残っている。読者中心主義と予定調和説の間には、何の関係もない、と見えるかもしれない。しかし、そうではない。与えられた規定性に対する自由を主題にしているという点において、両者は完全に同一の問題に関する理論なのだ。予定調和説は、この問題に関して近世に現れた様々な哲学説の一つにすぎない。読者中心主義は認識論の次元で議論を展開しているのだから、引き較べるべきはカントの認識論である。フィッシュの議論が誇っている新しさは、カントの「コペルニクス的転回」の遠い反響のようなものにすぎない。

フィッシュの議論の一例として、右に言及した「行の終わり」に関する説を取り上げよう。ここでフィッシュは、ミルトンの詩『リシダス』の一行余を取り上げ、行を跨いで読み進めるときに、読者の経験のなかで起こること、すなわち或る予想もしくは期待と、それが変更された形で意味が確定されることを説明する。そして、この出来事において三つの「構造」が同時に関与している、と言う。第一は意味の確定と更新、第二は行の終わりという「形式的パターン」の抽出、第三は話者の意図に関する判定である。(因みに、理解の「即刻性」と理解における幾つかの契機の「同時性」を強調するのは、全篇を通して一貫した主張である。その主旨は、文字通りの意味が先ずあって、ついで解釈されるというプロセスを否定することにある。文字通りの意味を認めることは、「テクスト」の規定性を認めることになるために、フィッシュは絶対に譲ろうとしない一線なのである)。われわれとしては、行の終わりという形式的規定に注目したい。これは、常識的には、予めプログラムされてテクストのなかに客観的に存在している、と考えられている。これについてフィッシュは次のように言う。

ここの例でわたしは「行の終わり」という概念を借用し (appropriate)、それを自然の事実として扱っている。そこから、事実それこそがわたしの記述したような読みの経験を規定した要因である、と結論される向きがあるかもしれない。思うに真相はまさに逆である。行の終わりが存在するのは、他のいかなる理由によるよりもむしろ、知覚戦略 (perceptual strategies) の働きによるのである。歴史的に見て、われわれが「詩を読む (もしくは聴く)」として知っている戦略は、単位としての詩行に注意を払うことを含んできた。だが、詩行を(印刷もしくは聴取の上での持続の)単位として活用できるようにしてきたのは、まさにこの注意なのである。略言すれば、認知される (notice) ものとは、素通しで歪みのないガラスではなく解釈戦略によって認知しうるようにされたもの、なのである。

ここでフィッシュは、普通、作者が与えていると思われている形式を、読者の決定に帰属させている。相当に粗略な議論であることは争えない。この知覚戦略もしくは解釈戦略は読者のかけている眼鏡だ、というのがフィッシュの主張である。それは詩人の書いた詩作品からきたのではなく、予め教えられて読者が身につけていたもの、ということだ。しかし、このような実行のプロセス（歴史）に訴えかける議論は、原理的な射程をもちえない。このような戦略の教養をもたないひとが、その詩だけを読んで、そこにこの「詩行の終わり」を知覚する、という可能性は全く否定できないからだ。現実にはフィッシュの言うように、われわれは詩というものの構造を教えられ、その「知覚戦略」に則って「詩行の終わり」を知覚している。しかし、そのとき、われわれはその「詩行の終わり」が自分の「作った」ものではなく、詩法に則って詩人がそこに与えたものであることをも知覚している。この知覚の意味は、読者の歴史（実行のプロセス）と客観的な構造の差異を捉えたものに他ならない。

このように乱暴な議論ではあるが、フィッシュが目指した方向はカントの形式主義を思い出させる。カントの認識論の新しさは、それまで認識とは対象のあり方をありのままに受容することだ、と考えられていたものを、そこに主観の積極的な干渉を認めたことにある。われわれの知覚が現実をいわば変質させている、という認識ならば、例えばデカルトのなかに明瞭に認められる。デカルトは、われわれの見ている色彩と同じものが対象のなかに存在すると思いなすことを、戒めていた。それに対してカントは、質料的側面ではなく、形式の面において主観が干渉すると考えた。かれの考えた知覚、すなわち対象認識は、センス・データと精神の構成作用との綜合である。精神には図式と呼ばれるフィルターもしくは鋳型がある。このフィルターを通り、この鋳型で鋳直されたものだけが、精神の理解するところとなる。知覚するとは、センス・データにこの主観的な形を被せることである。そこで、われわれの認識している外界は、形式的に主観化されている、ということになる。このセンス・データをテクスト、主観の図式を読者の「解釈戦略」と置き換えてみれば、そこにカント的認識論とフィッシュ的な読書論との完全なアナロジーが認められる。フィッシュの誤りは、カントの基礎的知覚論を、高度の文化的構成物の構造にそのまま適用しようとしたところにある。その結果、かれは極端な観念論に陥ったのだが、それは近代の根強い伝統でもあった。

カントの先験哲学は、哲学史上のエピソードなどではなく、西洋の近代文明そのものの象徴である。新しい認識論を以てしても、それまで丸く見えていたものが三角になったり、赤かったものが黄色く見えるようになるわけではない。しかし、カント自らが引き合いに出したコペルニクスの思考法（『純粋理性批判』第二版の序）が人口に膾炙し、「コペルニクス的転回」という呼称として定着したことは、この新しい認識論のはらんでいた射程の長さ、影響の深さを示唆している。それは、認識の実質を変えなかったとしても、世界観を顚倒した。カントは「対象はわれわれの認識に従わなければならない」と言っている。この言葉は、カントの哲学的企てが、実は宇宙と人間との支配権をめぐる抗争という性格を帯びていたことを、雄弁に物語っている。カントの主観的形式主義は、宇宙に対する人間の支配という近代のイデオロギーを表現し、構成し、確立するものであった。

読書論における抗争に、わたくしはうんざりした印象を覚える。その理由の一つは、この古いパターンを繰り返していることにある。認識論の上では十八世紀の末に起こっていた変革を、二世紀も遅れて文学の領域でなぞっているからである。しかも、読者の支配を主張するテクスト理論は、その理論そのものだけでなく、それを適用した個々の解釈例において、異論はいくらでも出てくる。カントが精神の自然を主張したのに対して、ここで問題になっているのは、いわば精神の技術（もしくは藝術）にすぎない。そこにあるのは単なる自己主張であり、新しい世界観を開示するようなインパクトを欠いている。

このことは更に切り口を変えて捉えることができる。カントの精神革命は、近代的イデオロギーを体現していた。より広い視野で見ると、この近代的イデオロギーの背景をなしているのは神学である。宇宙対精神の構図は、実は神の創造と人間の自由との対立の派生形態である。この面から見たとき、近代的イデオロギーを最もよく象徴的に表現しているのは恩寵論争である。恩寵論争とは、宗教改革運動からジャンセニストに対する弾圧までを貫いている神学的な基本問題、すなわちキリスト教徒にとっての救霊が、神の恩寵によるものか、それとも各人の自由な行為（功徳）によるものか、という問題である。カトリック教会の正統は、ある幅をもった中間にある。恩寵を強調しすぎることは、人間の自由な自発的行為を蔑ろにし、ひいては善行への意欲を失わせ、道徳の頽廃を招くことにもなる。逆に自由を強調しすぎるならば、神を無力なものとし、神と現世との絆を断ち切ることになり、容易に無神論に転落することであろう。この主題が世界に対する人間の位置に関わる、これ以上ないほどに根本的な問題だったことは明らかである。所与の秩序と人間の自由との世界観的構図のなかで、西洋の近世人近代人たちは、過激なまでに自由派として振る舞ってきた。神は死んだという宣言は、十八世紀に出されていても不思議はなかった。この自由主義こそ近代である。知を力と見たベーコンと、自然の主人にして所有者となることに人類のばら色の未来を見たデカルトが、その基本的な方位を明示し、その延長線上に西洋文明は展開してきた。近代を産業革命とフランス革命のなかだけに見ないことが大切である。天才を謳歌し、天才の仕事のゆえに藝術を称揚した文化像は、まさに近代である。テクスト対読者の権力抗争は、恩寵論争の最新の、そして多分最後のミニ・ヴァージョンである。作者を神の位置に置き直してみれば、その関係は明らかだ。作者と神の原型的な等価性は、デカルトの哲学において見た通りである。また、事実、十九世紀において、作者（author）は作品を支配する権威（authority）と見られ、天才は人類の恩人（benefactor）と呼ばれてきた。確かに藝術家の能力と仕事は自由の典型である。しかし、天才は稀な例外であり、しかもその天才的自由は直接機能するのではなく、作品を介して鑑賞者に働きかける。その結果、天才の自由は人類に対して超越的な地位に押し上げられた。この地位に対して、いま「並の」人類の自由の側から第二次の攻撃が仕掛けられているのである。

だが、そもそも近代美学そのものが、作品に対する鑑賞者の観点に立って構想されたものであり、これに照らして考えるならば、「読者の視点」は何ら新しいものではない。この切り口も見過ごしてはなるまい。近代の美学、すなわちaestheticsとは「感性学」であり、旧来の客観的な「詩学」に対して、藝術を鑑賞者の側から捉えるという新しい視点を提起するものであった。それは、藝術論上のコペルニクス的転回とも言うべき変化である。このコペルニクス的転回を指して、ジルソンは存在論から現象学への変化として性格づける。（フッサールの現象学のことではない。それでも「意識に現れてくるもの」に注目する立場を指していることに変わりはない）。新しい哲学としての「現象学」は「事物がそれ自体としてどうあるかという認識の代りに、事物が我々の認識の中でどうあるかという認識をとる」（『絵画と現実』）。美学におけるこの「現象学」的テーゼとは次のようなものである。音楽はもとより

「タブローもまた、それを藝術作品と考えるならば、誰か観る人がいてそれをありのままに知覚している時の外に、現存性を持っているわけではない」。かくして、近代美学は美的体験を中心的課題となすべき環境を作った、と言うことができる。

勿論、美的体験を中心とする近代美学の立場が、直ちに読者中心主義とつながるわけではない。読者には、右にスケッチしてきたような独自の歴史的状況があり、長い間、作者の意図をくみとることが読者の仕事と考えられてきた。近代の統一的な藝術概念のなかには文学も含まれていたが、言語藝術に固有の知的な解釈の契機は、必ずしも十全なかたちで美学理論のなかに組み込まれてはこなかった。藝術の精神性を強調しつつ、近代美学は、美的（aesthetic＝感性的＝直感的）な基調を外すことはなかったからである。つまり藝術の精神性は、いわば非知的な性格のものとして、主張されてきたわけである。

ところが、二十世紀、それも特に後半になると、藝術の動向そのものが著しく知的な性格を帯びてきた。それが、理論主導のアヴァン・ギャルド運動の結果であることは、断言してかまわない。そこに、美的体験（もしくは経験）という言葉を回避しようという動きが現れてきた。「美的」（aesthetic すなわち感性的な耽溺を意味する）を嫌うひともあれば、体験／経験を拒むひともおり、両方を斥けるひともいる。そこで、例えば単に「受用」という言い方が好まれたりするわけである。それはヤウスが提唱したような歴史研究の概念としてではなく、単に「受け取る」というだけの意味でのことである。言語藝術以外のものへの適用を含めた「読み」というのも、その一つである。そしておそらく、このような言い方は、先鋭な評論家だけではなく、かなりの広がりを見せているのではないか、と思われる。作品に向かいあう態度が乾いたものになってきた結果、情感的な意味を含まない言い方が求められてきたのである。

このようにして、美学理論と文学理論が合流した。美学は藝術の哲学であり、文学は一つの藝術であるから、文学理論は美学理論のなかに包摂されていたはずだ、と思うのは抽象的な判断である。両者の一体化は、近年の事実なのである。その合流地点から見ると、一方の流れのなかにおいて新しい出来事として喧伝されている読者中心主義が、別の流れのなかでは、ずっと上流において見られた出来事のくりかえしであることが、見えてくる。そして、その両者ともが、西洋近代の精神の具体的現象に他ならない。いまわれわれは、その思想が既に活力と効力を失いつつあることを感じている。読書に注目するのは正当である。しかし、それは近代のイデオロギーをくりかえすという不毛な主張のためではなく、今まで検討されたことのないその実態を観察し、分析することによって、近代美学を革新する一助とするためでなくてはならない。わたくしはそう考えている。

5　読者から作品へ

いまから十余年前、小著『作品の哲学』を公にする際、わたくしは作品に関する哲学的思索の発展に期待していた。それが空しい期待であったことは、事実として認めなければならない。だが、作品を重んずる考えにいささかの変化もないし、少々大袈裟に言えば、近代の真の超克はこの道にしかない、とも思っている。

近代とは何であったのか。それは人間の力の顕揚であり、主張であり、発揮であった。この意味で、読者論はうらなりの近代である。作品がこの近代のイデオロギーのなかで注目されてきたことは間違いない。しかし、真の作品は、同時にこの「人間の力」を超えるものを内含している。真の作品とは、創造七日目の宇宙が創造主たる神を驚かせたように、作者をも驚かせるものだ。そのような作品はもはや作者のものではなく、作者を超えている。そして作品のその相にふれたとき、われわれは頭を垂れるのではないか。その時、作品をテクストとして自在に解剖し料理し味付けをしようとする才気が、己の分を知らされるのではないか。

では、例えばデュシャンのレディ・メイドのオブジェを前にして、そのようなことが起こるか。勿論起こらない。才気の作品（レディ・メイドを仮に作品と呼ぶとして）に、われわれは感心したり、その才気に呆れたりすることはあろう。しかし、それはあくまで人の才気である。われわれが真に頭をたれるのは、人間を超えた何かに向かい合うときである。作品らしい作品には、その力がある。それは知恵の場所である。われわれの先人たちは居住まいを正して書に向かった。何に向かって居住まいを正していたのか。それが文学ならば美と言ってもよいし、また思想作品であるならば論理と言ってもよい。ただしそれは、操作されるものとしての論理ではなく、作者も読者を等しく支配しているものとしての論理である。この感覚を忘れた読書論は、単なる才気の戯れである。

文献表

右の論述のうち、思想史の部分は筆者が既に公表した著書、論文に準拠するところが多い。それらについて、また読者論に関しては参照し言及したものの他に、日本語で読める基本的な文献を加えて（ただしガダマー、ヤウス、イーザーのような「古典的」なものは除いて）、次に記す。

＊思想史関係

佐々木健一『作品の哲学』、東京大学出版会、一九八五年。

同、「読者の誕生―そのアリバイをめぐる近世美学史」、『美学』第一五九号、平成元年一二月、一～一一頁）。

同、「デカルトにおける作品概念」、佐々木編『作品概念の史的展開に関する研究』（文部省科学研究費研究報告）、一九九八年。

SASAKI, Ken-ichi, "Œuvre comme idée philosophique—un essai de relecture de Descartes", *JTLA*, vol. 15, 1990, pp. 85-92.

E・ジルソン『絵画と現実』（佐々木・谷川・山縣訳）、岩波書店、一九八五年。

R・ダーントン『猫の大虐殺』（海保・鷲見訳）、岩波書店、一九八六年。

＊読書論

U・エーコ『物語における読者』（篠原資明訳）、青土社、一九九三年。

J・カラー『ディコンストラクション』（富山・折島訳）I、岩波書店、一九八五年。

R・バルト『テクストの快楽』（沢崎浩平訳）、みすず書房、一九七八年。

同『S／Z―バルザック「サラジーヌ」の構造分析』（沢崎浩平訳）、みすず書房、一九七三年。

Fish, S. *Is There a Text in This Class?—The Authority of Interpretive Community*. Harvard Univ. Press,1980.

S・フィッシュ『このクラスにテクストはありますか―解釈共同体の権威　3』（小林昌夫訳）、みすず書房、一九九二年。（これは右記の原書の全十六章のうち、第十章以下の訳書である）。

R・C・ホルブ『「空白」を読む―受容理論の現在』（鈴木聡訳）、勁草書房、一九八六年。

7　西欧的藝術原理のたそがれ
——二十一世紀の藝術——

0　創造性のパラドックス

次の世紀における藝術のあり方を問うということは、そこにラディカルな変化があるはずだ、という想定を前提している。この文化状況の変化、もしくは歴史の曲がり角という問題については、過去三十年ほどのあいだ、殆ど世界中で活発な議論が展開されてきた。いわゆるポストモダンは、一体《近代以後》なのか、それとも《後期近代》なのか。《近代以後》と読めば、変化は極めて根本的なものとして理解されることになる。ポストモダンの議論の震源地の一つだった建築の場合、モダニズムを基準にした議論だから、その《モダン》は精々百年に満たない歴史をもつにすぎないが、広く思想史や文明史のなかで西欧近代を考えるなら、《近代以後》としてのポストモダンは三四百年にわたる大きな歴史的サイクルの終わりを意味することになる。当初は、ポストモダンの議論は勇ましかった。流行の思想がいつもそうであるように、極端に走った。今日では、商業としてのジャーナリズムが流行の振幅を誇大化するから、なおさらである。誇張されない限り流行の思想にはならない。だから、何によらず流行はうさんくさい。前二章にも示したわたくしの見方は《後期近代》である。時代の診断として強い確信があったわけではないし、また過剰な振幅に対するこのような批判の立場が歓迎されるわけでもない。流行はやがて生理的な息切れをきたし、それとともに《後期近代》説は力を増しているように見える。

しかし、たとい近代が終わっていないにしても、近代的な文明の理念が力と自明性を喪いつつあることは間違いない。変化は歴然と始まっている。藝術における変化を真にラディカルなものと見なしうるためには、単にその表現様式が変化するというだけでなく、藝術の理念、あるいは藝術の哲学そのものが変化するのでなければなるまい。すなわち、藝術とは何かという考え、社会のなかでの、また知的生活のなかでの藝術の位置と役割についての考え方に、それはかかっている。言い換えれば、近代的藝術哲学の更新の可能性の問題である。現に藝術が社会のなかで占めている地位は、文化史のなかで相当に例外的なものであり、西洋の近代文明のなかでしか実現したことのないものだ。その藝術の地位に変化は見られないが、この近代文明そのものは変化しつつある。

ではいかなる理由によって、近代文明は藝術に対して文化上の高い位置を与えてきたのか。最も根源的な理由を挙げるならば、それは藝術の示す創造性にある。近代の西洋人たちは自らの創造性に目覚めた。或いは、人間の創造性への目覚めが近代である。そのとき以来、かれらは神の創造物としての自然を征服し、それを人間の欲求に合わせて変形することに邁進してきた。つまり、かれらは神のライヴァルとなった。デカルトのような哲学者は、「哲学の樹」と呼ばれる文章（フランス語訳『哲学の原理』の序文）において、自然を改造する原動力としての哲学の役割を誇り、そのような変革の先に一点の曇りもない薔薇色の未来を描いて見せた。人間の創造力は、ひたすら人間の安寧と幸福に役立つものと見られていた。かれのプログラムにおいて、「安寧」は道徳学としての哲学の役割だが、「幸福」の方は主として科学に支えられた技術と産業の生産に期待された。

人間的な意味での創造は、何か新しいものを作りだすことである。それが人びとの必要と欲求に適い、その求められているものを生み出すかぎり、創造は人類の福祉に貢献する。しかし、いまわれわれは、人間の創造が或る限界をとうに突破し、その性質を変えてしまったことを感じている。少なくとも、いわゆる高度に「発達」した社会においては、欠乏や欲求を満たすというよりも、欠乏感と欲望そのものを生み出すようになっているのである。一層多くの欲望をもち、それを鎮めるのに苦労するというようなことが、本当に望ましいことなのかどうか、真剣に考えざるをえない状況のなかにわれわれはいる。勿論、そこに行き過ぎと危険をみとめたところで、文明の進行は止まらない。この瞬間にも、人間の創造力は、われわれの生存のための清潔で安全な環境を冒しつつ、過剰な新しさを追求している。宮台が「定常システム」という名で捉えていた事態だが、この概念やその大もとにあって吉田民人の説く「自己組織性」（『情報と自己組織性の理論』）の概念などが名称として示唆している以上に強い、自動的再生産のメカニズムがここにある。この進行を止められるものがあるとすれば、それは強権的な文化革命だけだろう。しかし、創造性を抑圧された人類に未来はあるまい。深刻な状況を克服する力もまた、創造性に求める他はないだろう。ここに拡大再生産を続ける創造力のディレンマがある。わたくしが創造のパラドクスと呼ぶのは、それである。

藝術は近代文明の縮図である。近代のイデオロギーとしての創造性は、藝術ではアヴァンギャルドの運動によって代表される（ポストモダニズムと呼ばれるものも、その一つにすぎない）。アヴァンギャルドの精神は、いかなる代償を支払ってでも新しいものを求めることだ。ひたすら前に進もうとするこの姿勢において、アヴァンギャルドは消費のメンタリティを共有している。しかし藝術の現状は、新しさの追求が行きつくところに行きついた、という印象を与える。では、次の世紀における藝術が全く新しい状況をもつとしたら、それはどのようなものになるのか。わたくしの貧弱な想像力には、白紙の向こうを見通す力はない。わたくしにできるのは、既に見えている新しい兆候、すなわち近代のイデオロギーから生まれたものとは見られない幾つかの兆候に注目し、その延長上に未来を表象することだけだ。それが以下の試論の内容である。

1　近代藝術の正統と異端

a　藝術の技術的複製

近代的藝術思想に対する最初の見直しのきっかけは、複製の問題によって与えられた。科学技術の発展のもたらした変化だけに、誰の目にも明らかなこの問題は、W・ベンヤミンとマクルーハンの問題提起をうけて、六〇〜七〇年代に活潑な議論を呼んだ。大量生産の複製そのものは近代的技術によって拓かれた可能性だが、単なる技術との差異によって藝術の位置を確定した近代美学は、当然のことながら、この複製を非藝術としてきた。美学のこの排除の力を打破する勢いで、複製が普及し、われわれの美的生活のなかに深く浸透するに及んで起こってきた議論である。過去の議論の詳細に立ち入るまでもあるまい。現実の現象を見れば、論争が「複製」に有利な形で終了していることを、みとめるほかはない。写真や映画はもとより、レコードやヴィデオについても、複製が云々されることは殆どなくなっている。写真や映画の場合は、メディアが技術に依存し、その技術が複数の対象を生産しうるという意味で複製を語りうるに過ぎない。つまり、ここでの複製とはオリジナルのない本質的な複数性のことである（写真についてオリジナルを確定しようとする傾向は面白いが、立ち入らない）。それに対して、油絵の複製やコンサートの録音は、オリジナルのコピーであって、この両者は分けて考える必要がある。だがここでは問題を単純化し、三つの論点だけを指摘しておきたい。複製の忠実度、受用の様態、大衆性の三点である。

印刷にせよ録音にせよ、複製技術の進歩は目ざましく、忠実度の低さはもはや複製を斥ける理由にはならない。例えば、銅版画や石版画の複製は、わざわざ複製であることを明記することによって、スキャンダルを避けなければならないほどになっているし、実際の演奏と録音の再生を聴きくらべて区別がつかなくなってから既に久しい。つまり、ものとしては異なるものの、鑑賞上の効果（つまり美的な質）の点では、複製とオリジナルは等価である、と言うことができる。しかし、かつて今道友信教授は、受用の様態の違いを理由に、複製を斥けられたことがある。たしかにわれわれは、コンパクト・ディスクで音楽を聴くとき、コンサート・ホールにいるときのような聴き方はしないし、殆どできないと言っても過言ではない。ものとして見分けがつくかどうかというよりも、遙に本質的な問題で、ここで議論は確かに深化した。

しかし、コンサート・ホールで聴く音楽の聴き方のほうが正しく、録音された音楽を聴くことが劣る不純な鑑賞形態だ、ということはいかなる根拠によることなのか。それは、十八世紀もしくは十九世紀に西欧世界で確立した単に歴史的な現象を絶対的な基準としての判定にすぎないのではないのか。かつて録音された音楽を聴く機会が比較的少なく、一種の代用品の性格をもっていたときには、この判定は自明なものとして通用した。しかし今や状況は逆転し、大多数の人びとにとって、コンサートで音楽を聴くことの方が稀なこととなっている。近代美学の判定が覆ったとまでは言えないにしても、自明なものではなくなった。そして、このことはわれわれの問題の核心に関わっている。なぜなら、文化は絶えず変化のなかにあり、固定した基準の存在を考えにくいからである。アンリ・グイエの言うように（『演劇の本質』日本語版への序文）、存在が本質に先立つのは特に藝術である。真に新しい藝術が生まれるとき、藝術の哲学としての美学もまた革新されている。判定の基準そのものが変化してゆくのである。

かくして、複製の問題は相対性の見方をつきつけた、と言うことができる。近代美学の質の原理が相対化されるとき、量の原理が表舞台に現れる。複製は大量生産と拡散的な普及の現象だ。複製が「藝術」を大衆化したことは、歴然としている。そしてこのことは、近代的な藝術概念の根幹を揺るがす問題でもある。なぜなら、近代の藝術概念は、一面において、純粋藝術と大衆藝術の区別の上に立脚しているからである。ここで、われわれは第二の話題に移ることになる。

b　純粋性と大衆性

制度としての近代藝術は、藝術（art）と職人仕事（craft ; métiers）の徹底した区別の上に構築された。この区別もしくは差別は、造形美術の分野で始まったものだが、文学や音楽の場合のほうが、われわれにとっては興味深い。純文学と大衆文学、クラシック音楽とポピュラー音楽という区別は、馴染み深いものである。しかしいまやこの区別が曖昧になりつつあることを、われわれは感じている。

もう十年以上も前のことだ。テレビのなかで、ある若手のポピュラー歌手が、自分のことを指して「アーチスト」と形容した。それを見ていたわが家の子供らは、一斉に大笑いしたものである。かれらは「アーチスト」を「藝術家」と翻訳し、この発言を滑稽な思い上がりと判定したのである。しかし、実情は少し違っていた、ということを、いま、われわれは理解することができる。アートやアーチストというかたかなの単語は相当に普及してきている。その使用法を見ると、アートと藝術、アーチストと藝術家は、決して等価ではないのだ。先ず、アーチストを名乗るポピュラー・アーチストは決して少なくない。かれらは、藝術家という美称を遠慮しつつ、実力のないアイドルたちから、自らを区別しようとしているように見える。他方、同じくアーチストを名乗る前衛藝術家たちもいる。かれらは、そのことによって、制度化した伝統的な藝術から、自らの藝術を区別しようとしているものと解される。しかもかれらは、同じ呼称をポピュラー・アーチストたちが用いている、ということを承知しているらしい。そして、承知しつつ、それをむしろ好ましいことと見ているふしがある。制度を否定することが前衛に相応しいこと、と考えているからであろう。

かくして、英語（実態としてはアメリカ語）からの借用語であるアートやアーチストは、抗議の意味あいを担わされているように思われる。これらを用いる人びとは、純粋藝術と大衆藝術という古い区別を否定し、藝術の真正さの基準を制度的な藝術とは別のところに求めようとする意志を、表明しているのである。日本のそとでも、フリードリッヒ・グルダ、チック・コリア、クロノス・クォルテットなどが、この無差別を実践している。

勿論、問題はこの抗議をいかなる意味のものとして理解するか、ということである。藝術の領域を職人仕事《クラフト》にまで押し広げようという民主化の動きと見ることもできれば、単なる混乱のしるしと見ることも可能である。いつの時代にも、またいかなる文化圏においても、藝術家たちは、社会が与えた美称よりも乾いた職業的名称の方を好む、という事実がある。俳優たちは、自らを役者と呼びたがる（フランスの俳優たちは、acteur という言い方を避けて comédien という名称を好む）。かれらが実践しているのは、「演劇」という「藝術」などではなく、単なる「芝居」なのである。そこには、職人の誇りのようなものを読み取ることができる。R・バルトやM・フーコーが論陣を張った「作者の死」という現象にしても、「作家（auteur）」という偉そうな名称よりも「ものかき（écrivain）」という気取らない呼称を好んできた作家たちの習性の文脈で、理解することができそうに思われる。これが藝術と藝術家にとっての自然なあり方だとすれば、右に指摘した近年の傾向は、近代的制度の歪みから、自然な状態への回帰の動きと見ることができよう。

c　藝術の精神性

では次に、そもそも近代的制度のなかで、藝術を職人仕事から区別していた基準は何か。少なくとも、その最も重要な要因の一つは精神性である。典型的なのは文学の場合である。長い間、小説家は単にフィクションの作者であるにとどまらず、思想家でもあった。思想家であることは、「純文学」の作家として認められるための、一つの重要な条件であった。バーナード・ショー、ベルトルト・ブレヒト、アルベール・カミュ、ジャン＝ポール・サルトルのことを考えてみればよい。世界中、どの国においても、事情は似たようなものであったろう。日本の場合、思想家としての小説家というあり方は、やや「バタくさい」印象を与える。しかしそれでも、「小説家であれば何事であれ、一家言もっているはずだ」という見方が一般的であるほどには、正統的なあり方なのである。

私見によれば、思想家である小説家というあり方は、決して普遍的なものではない。それはたかだか、啓蒙主義の十八世紀に起源をもつ形態である。それ以前の時代にあっては、シェイクスピアやラシーヌは、決してヴォルテールのようではなかった。そして、この十八世紀が、近代的な藝術概念と文学という概念とが成立した時期でもある、ということを考え併せなければならない。藝術としての文学は、思想性の刻印とともに生まれた、と言って過言ではない。

ところが、このようなタイプの小説家は、いまや姿を消そうとしている。若い世代のなかには、サルトルのような思想家である小説家は見当たらない。例えば、外国の事例であるが、ウンベルト・エーコの名とそのベストセラー小説『薔薇の名前』を挙げて反論するひとが、いるかもしれない。この小説は確かに或る思想を含んでいるが、しかしそれは『自由への道』のようなイデオロギー小説とは明らかに異質である。それは、エーコの記号論が存在論と異なるのと、軌を一にしている。日本では、この傾向は顕著である。若い世代が小説を、特に「暗い」深刻な小説を読まなくなったことは、つとに知られている。それとともに若い作家たちは、軽いもの或いは軽薄なものへの傾斜を強めている。

d 大衆の創造者からの乖離

第四の論点として、藝術家と鑑賞者である大衆との乖離を挙げることができる。これは、新しい傾向というよりも、徐々に進行してきた近代の病理と見るべきものだ。初めに指摘しておいたように、創造性の近代的イデオロギーのもとで、藝術家たちは絶えず新しさを追求し、新しい様式あるいは表現法を開拓してきた。その結果どうなったのか。かれらの作物は独立独歩して、ついには大多数の鑑賞者たちの受用能力を超えるところに達してしまったのである。このことは、音楽のように、複雑な知識とその操縦を必要とする藝術ジャンルの場合に、特に顕著である。ラモーからシェーンベルクへの展開は、物理学におけるニュートンからアインシュタインへの展開と、完全に並行している。ラモーやニュートンには素人であっても接近することが可能である。しかし、後二者は専門家の聖域のなかにあり、容易にわれわれが近づきうるものではない。例えば、近年のジョン・ケージの音楽は、響きとしては単純である。しかし、その響きを支えている哲学があり、その哲学の故に、その音楽は大衆的なものとはなりえないのである。

音楽学の戸口幸策教授は、クラシック音楽の分野における特異な現象を指摘している（『音の波間に』)。すなわち、バッハ、モーツァルト、ベートーヴェンといった昔の作曲家たちの作品が相変わらず強い支持を受けつづけている一方、現在創作されつづけている新しい作品が不人気をかこつ、という対照である(この状況も変わりつつあることは、既に指摘した)。十九世紀までは、決してそうではなかった。ポピュラー音楽が現にそうであるように、求められていたのは常に新作であり、古くなった作品は徐々に忘れられていったのである。だとすれば、指摘されている状況は、藝術の博物館化ともいうべきものであり、マルローの「画像による美術館」の一般化と見ることができよう。この傾向は、部分的にはポピュラー音楽の分野にも及んでいて、そこでも、ビートルズやエルヴィス・プレスリー、あるいは美空ひばりのような「古典」が生まれつつある。

だが、事柄は単純ではない。藝術家と大衆との乖離は、藝術にとって本質的もしくは宿命的な問題、と言うことができるからである。藝術家たるもの、彼方を求め深さを穿たなければならない。そのようにして、かれは大衆の支持を失う危険を冒す、大衆の支えこそ藝術の究極の基盤にして生命そのものであるにもかかわらず。ここに藝術の秘教的な次元がある(哲学におけるアカデミズムの必然性と同じことだ)。バルザックが『知られざる傑作』のなかで描いた物語を想起しよう。プッサンをモデルにしたと言われる主人公の老画家は、秘して取り組み続けているその「傑作」のなかに、確かに何かを見つめている。しかし、老巨匠に憧れる若い画学生の目には、形さえ定かならぬ絵具の層しかそこには見えないのである。

藝術のこの逆説的な位相は、それが藝術の本質に属するものであるにもかかわらず、美学において真剣に議論されたことがない。おそらく、その稀な例外が、ヘーゲルのロマン的藝術に関する所説であろう。ヘーゲルの言うロマン的藝術とは、精神性の過剰によって、その完全性の一部分を失った藝術である。かれの体系における藝術史の到達点もまた、示唆的である。言うまでもなく、有名な「藝術の死」のテーゼである。文化の諸領域に目を配りつつ、その全体を体系的に案配するかれの立場からすれば、藝術が止揚されて、より高次の現象に場を譲るのは必然であったかもしれない。しかし、藝術だけに注目する立場からすれば、その死によって完結してしまう歴史を考えるよりは、むしろその生命のサイクルを考えるべきであろう。近代の藝術は殆どその生命力のすべてをつかい果たしてしまい、創造性のイデオロギーに支えられたその藝術には、余命がいくばくもない、という印象を受ける。いま必要なのは、その生命を更新することである(中国語で「革命」とは、生命を更新することである、という)。言い換えれば、藝術の様式を書きかえるのではなく、藝術の概念を更新することが肝要である。その意味で、問題は藝術哲学そのものの革新なのである。

2 革新の兆し

a エスニックと民俗性

藝術についての考え方は、既に変化の兆しを見せている。少なくとも二つの兆候を挙げることができる。その第一は民俗的な藝術に対する人びとの関心の増大である。ここでエスニックかつ民俗的な藝術と呼ぶのは、西洋藝術の原理に立つことなく、普遍性を主張しない藝術のことである。十八世紀末の美学が土着の自然性を強調して以来、民俗的な藝術は、西欧的藝術の素材として注目され続けてきた。ストラヴィンスキーやピカソが民俗的藝術の活力を借り、それを西欧的藝術のためのカンフル剤として利用したことは、よく知られている。しかし、いま問題となっているのは、そのような形での民俗的藝術に対する関心なのではない。西欧的藝術の独占的なあり方を終わらせ、それを多くの藝術のなかの一つの形態へと相対化することが大切なのである。近代的体制としての藝術は、西欧のものである。それを相対化するためには、民俗的藝術は当然の資格をもっている。

音楽の場合を取り上げよう。西欧近代の音楽とそれ以外の音楽は、音組織そのものを異にしているから、違いは顕著である。そして、確固とした理論の上に置かれた西欧の音楽こそ、より優れた音楽、或いは定冠詞つきの音楽であり、民俗音楽として総称される他の音楽は周辺的なものにすぎない、という風に考えられてきた。西欧の音楽学者のなかには、ツッカーカンドルのように、そのことを明言するひとさえあった。そうした状況は、変わりつつある。西欧の前衛音楽のなかに、かつて優越性のしるしと考えられたその音体系を捨てるものが出てきて、内側から相対化が進み始めた、という面もある。また民俗音楽への学問的関心の高まりは、言うまでもない。しかし、より重要だと思われるのは、若い音楽愛好家たちのあいだで、民俗音楽を好む人びとが増えている、という事実である。かれらにとっては、西欧音楽は既に音楽のなかの一つの形態にすぎない。そう考える人びとの増加とともに、こういう意識は、西欧音楽を好む多数派のなかにも浸透しつつあるように思われる。西洋藝術は独占的な位置を失い、相対的なものの一つとなりつつある。

b　鑑賞から創作へ

藝術の生命を更新する動きの第二は、藝術を鑑賞するものから造るものへと転換する動向である。美学の歴史は、十八世紀初頭を境目として、詩学から感性学としての美学に移った。詩学(poetics)はその名の通り、創作のための理論であるが、感性学としての美学は当然のことながら、鑑賞者の理論である。そして近代の藝術的イデオロギーは、鑑賞と創作の領域を截然と分けてきた。思想の担い手が哲学者であった、ということが大きく作用しているかもしれない。美学は鑑賞のみを理論化し、創作については敬して遠ざけ、併せて神秘化し、聖域を作ってそのなかに閉じ込めてきた。この思想的風土のなかでは、ボロディンやアンリ・ルソーのような存在は例外的なものであり、より劣ったものと見なされてきた、と言って過言ではない。

ここで既に注釈が必要かもしれない。近代美学のこのような性格づけに対して、特に文学の領域からは異論の出ることが予想されるからである。これは第六章において主題的に論じたことだが、文学において読者論とか読書論とか呼ばれるものが現れてきたのは近年のことであり、それ以前の文学研究は専ら作家についての研究だった。解釈学の興隆は、既に、この作家中心のあり方に対する修正の必要を表現するものであった、という反論である。この事実認識について、わたくしに異論はない。しかし先ず第一に、個々の作品研究と藝術哲学とを区別しなければならない。作品研究が作家中心主義をとったについては、藝術哲学が創作を神秘化し、作品のことは作者に聞かなければ分からない、と見なしたことが深く関わっている、と考えられる。そして第二に、この読者論は実は、読者による一種の創造という面を強調している、という点が重要である。このことは、作品（もしくはテクスト）を作者から切り離して考察の対象にしようとした新批評において、既に顕著であった。作品について語ることが、作品を創作することと変わらず創造的でありうる、ということが、これらの動向の示している意味である。これらの点は前二章において詳細に論じたところであり、創造の場所が創作から解釈へと移ってきたことの証拠と見なしうる、という点もすでに示唆したところである。

このように考えるならば、小説のように読まれるバルトの評論や解釈を展開した創作とも見られるエーコの小説などの事例は、鑑賞者の創造活動への参加という角度から捉えることができる。それは、近代藝術の制度的なあり方を脱した、新しい形態である。ここで振りかえるべきは、日本の古い伝統的な藝術の形態である。わが国において藝術は、鑑賞するものであるよりは実践すべきものだった。和歌や俳句がどのようにして営まれてきたか、ということを想起すればよい。同じようにして、多くの人びとが絵を、書を、舞踊を、笛や鼓や琴を、長唄や端唄や小唄を、そして詩吟や謡をたしなんできた。勿論、この「たしなみ」のなかには鑑賞も含まれている。手本を鑑賞することなくしては、上達はおろか初歩の手習いさえおぼつかない。そして鑑賞と創造は弁証法的な競り合いの関係において、互いに他を鍛えてゆく。しかしその鑑賞は、鑑賞自体を自己目的化した近代美学的な枠組みのなかでの鑑賞とは異なるものである。このようにして、伝統的な形態のなかでは、一般大衆としての日本人は藝術に対して能動的に関わっていた。

この風土のなかでは、西洋藝術さえ同様の形で移植されてきたところが興味深い。ピアノや「お絵描き」を含む「お稽古ごと」のことを考えてみればよい。それらが、往々にして、幼少期の苦行から精々青少年期における趣味の段階をなかなか越えないのは、古来の藝術形態が生活のなかで充分に生き残っていないからである。実践する機会のないものを、ただ習練し続けることは、難しい。実践の場を工夫したとき、一般人の藝術活動がどれほどの広がりをもつか、ということは、日展その他の公募展のことを考えてみれば、容易に納得がいくはずである。こうした巨大な展覧会に出品する職業画家とアマチュア画家の比率がどのようなものであるのか、わたくしはデータを持ち合わせていない。しかし、そこに定期的に出品しているひとが、わたくしの知己のなかにも数人いる。

このような素人の藝術実践は、近代美学のなかでは、真正の藝術とは異なるもの、いわば疑似藝術現象と見なされてきた。結果としての作品やパフォーマンスの普遍的な質を基準として判断するかぎり、そうなる他はないだろう。しかし、いま問い直しを迫られているのは、この基準そのものである。そして逆に、この動向のなかでは、この古い藝術実践の慣行の意味こそ、真剣に再評価すべきものである。この拙い実践を通して、われわれは誰しも、古今東西の傑作の鑑賞によるよりも、遙に多くのことを学ぶのではないか。現在の藝術状況における新傾向は、そのような認識を示唆しているように思われる。

その新傾向として特に注目すべきは、素人の藝術実践に対するコンピュータの寄与である。この点では、作曲の場合が興味深い。作曲は高度の知識とその活用を要求するものであって、素人には近づきにくい領域だからである。今やコンピュータは作曲の門戸を素人に対しても開きつつある。現代の代表的な作曲家であるI・クセナキスが、このような作曲マシーンの開発と普及に並々ならぬ情熱を注いできたことは、よく知られている。その企てがどの程度成功しているのか、わたくしは知らない。

しかし、その構想が藝術の近代的概念を大きく変えようとする意味をもっていることは、疑う余地がない。

3　二十一世紀の藝術

a　哲学と藝術

以上が、わたくしの見聞の範囲のなかで認めえた変化の兆しのいくつかである。次の課題は、それらの兆しの延長上に、想像力を逞しくして、来るべき世紀の文明における藝術の位置を、思い描くことである。ここでもう一度繰り返しておきたい。考えるべきは、藝術の概念そのものであり、従って問題は哲学的な性質のものである。われわれは既に冒頭において、近代文明の原理を「創造性のパラドクス」として記述した。その創造性のイデオロギーのなかで、近代藝術は展開してきた。とするならば、未来の藝術についても、それを未来の哲学の函数として考えることが必要であろう。そこで先ず、近代の藝術概念を支えてきた近代哲学がどのようなものであったのかを、振り返らねばならない。近代の哲学と藝術の関係を一つのモデルとして、未来を構想することにしよう。

近代美学の絶対的な特異性、すなわち他のいかなる文明のなかにも見られない特徴は、藝術が哲学によって聖化され、文化の枢要な要素とされたことにある。西洋近代美学は藝術のなかに人間の調和的な存在を実現する手だてを見いだした。では、何故このような調和が求められ、それを実現するという重要な役割が藝術に託されたのか。これについては本書第3章（六六頁以下）において既に論及したところでもあるので、短く結論的な意見を述べることにしたい。西欧近代哲学の最も基本的な思想は、人間を精神（ingenium）として、言い換えれば考えかつ創る存在として定立することであった（精神を単に考えるものと見なして、創るという側面を見過ごすことは、大きな誤りである）。この大前提を措定したうえで、次にくる重要な問題は、この精神と、その精神が対象とすべき世界の残余の部分としての、物質もしくは自然との関係を案ずることであった。そして、当然のことながら、理想は精神と物質の調和のなかに求められた。この理想の原型は端的に人間存在である。しかし、精神が精神であるかぎり、この調和は自然存在として「そこにある」ようなものではなく、努力を介して回復されるべきものである他はない。特に近代人は、肉体から乖離した精神の自意識の病理に悩む存在である。そこで、調和を現実化するための手立てとして注目されたのが、藝術である。藝術における精神である意味は、物質的な表現のなかに込められ、この物質を通してしか存在をうることがない。その点で、藝術においては、調和が存在の条件のなかに含まれている、と言うことができるのである。かくして、人間存在の理想は藝術のなかに映し出されることになった次第である。

しかし、この哲学の近代的構図のなかにおいて、何が真に支配的な要素であるのかを、見失ってはなるまい。何故なら、純粋精神こそが、西欧文明の近代史を支配してきた創造性の主人であり、藝術に託された調和の実現は、その埋め合わせとして思案された見掛け上の理想に他ならないからである。この理想が提起されたときには既に、純粋精神の奢れる支配が始まっていた。そのとき既に、この期待が時宜を逸したものであることを、実は哲学者たちも薄々勘づいていたように思われる。ヘーゲルの藝術史記述をその典型として、かれらの藝術観はおしなべて過去指向的である。藝術を介して実現されるべき調和は、古代ギリシアという遠い過去においてこそ可能であったにせよ、近代の創造力は、既に精神性の過剰に基づくものであった。調和を求めるかぎりにおいて、藝術への期待は空虚なものだったのではないか。期待とともに与えられた威信だけが残り、創造性の神話のなかで、近代藝術における精神の支配を助長した。哲学がかけた調和への期待とは裏腹に、藝術は、純粋精神の傾向性に従って、常に新しいアイデアを追求し、特に最近の一世紀においては、この追求に加速度的な傾斜を示してきたのである。

この創造の近代的イデオロギーが残したつけについて、今われわれは支払いを迫られている。過去二世紀のあいだ、人びとは自然を物質的な資源として開発し続けてきた。そして生活の新しい安楽を生み出す創造性が、自然に対する破壊力として機能してきたことは、冒頭にも指摘した。その結果、近代哲学が課題として思案したのとは別の意味で、それも遙に深刻かつ緊急の意味で、自然との関係が再び問題となってきている。われわれは、自らの生存の基盤が人類共通のものであることを、否応なく認識せざるをえない。この認識を欠いて局地的なエゴを通すならば、自らの首を絞めるような結果になる、そのような状況にわれわれはいるのである。今日における広義での創造的活動は、この大きな共同体的な次元のことを考慮に入れることが、絶対に不可欠である。藝術とても例外ではない。藝術の環境破壊という命題は、決して比喩的なものではない。現に、われわれは藝術のインフレーションという状況のなかにいる。藝術の過剰の結果である。加算的な累積が決して豊かさの印とは限らないこと、過剰が必ずしも幸福をもたらさないことを、既に多くのひとが実感している。

わたくしはこの現況を、一つの生命サイクルの末期症状として記述した。それは、近代を否定するものではない。近代は一つの方針を定め、それに従って見事な成果を挙げてきた。ただ、その根底にある矛盾が、いま深刻な形で露呈しはじめている、ということである。この歴史をふり返るとき、哲学が書斎の虚学などとはほど遠いことを、認めざるをえない。勿論、わたくしは哲学者だけのものではない哲学のことを考えているのだが、それにしても、少なくとも近代においては、哲学こそが、人類の歴史の大きな流れを決定してきたものである。いま、時代の曲がり角に立って、未来を展望し、未来を拓くうえでも、哲学は指導的な役割を果たすに相違ないし、その役割は既に始まっているのかもしれない。しかし、そのような哲学が既にあるのかどうかさえ、確信をもって言うことはできない。できるのは、せいぜいのところ経験に基づいて仮説を立てることだけだ。

b　美学からの提言

美学からの提言として、精神の孤独な奢りの清算、自然の再認識、美の感覚の回復を挙げたい。これらは三つのことではなく、実は一つのことである。精神の支配を清算することは、先ずその限界を認識することである。人間精神の限界は、その自然性にある。内なる自然として哲学の考えてきた「人間的自然」すなわちひとの本性だけではなく、肉体や更には環境のなかでの存在の側面を考えることが重要である。自然とは、人間を包み、人間を生かしているものの全体のことである。そして、美の感覚の回復が重要であるのは、美が創られるものではなく、藝術美でさえも、与えられる恵みだからである。美は確実に、精神に対して、己を超えるもののあることを教えてくれる。美の感覚の

「回復」ということをいぶかしく思われる向きがあるかもしれない。しかし私見によれば、西欧の近代美学は十八世紀の末には、既に重点を美から藝術家の個性（個的精神）の表現へと移してしまい、爾来、恵みである美を見失っている。これは右に素描した近代思想の動きと、完全に符合する傾向である。

この提言は、思想史をふり返っての思索に基づくだけのものではない。さきに記述した藝術の現況のなかに既に読み取られる方向を、未来形で言い換えたものと言ってよい。すなわち、鑑賞の上だけでなく創作の上でも、すべてのひとに開かれたものとしての藝術、という傾向である。大衆という社会存在の位相は、われわれにとって右の意味での自然であり、新しい生命の可能性である。勿論、卓抜な天才に担われてこそ藝術なのであり、このような「すべてのひとによる藝術」は価値的に大したものにはなるまい、という反論があるだろう。藝術が、その本質において、平均値を超えることである、という点にわたくしも異論はない。しかし、すべてのひとによって担われるという過程を通過することが、藝術の生命を更新するうえで、不可欠である、とわたくしは思っている。そして、その広い土壌のなかから偉大な藝術が生まれてきた、ということは、特にわれわれの文化史の教えであるように思われる。価値の点で、平均化を恐れる謂われはない。

c　都市構成と共同体意識

最後に一点、かなり特殊と見える論点を付け加えておきたい。それは、都市構成《アーバニズム》の重要性、ということである。右に指摘したように、人類の文明の現状は、共同体的意識の覚醒を強く要求している。

そのような意識を育むために、都市構成は何事かをなしうるのではないか。近代のユートピアとしてのコスモポリティスムは、身近な共同体的意識を量的に拡大しようとした。そこには、国境を拡大しようとした権力意識（imperialism）とどこかしら似通ったものがあったのではないか。しかしいま、少なくともヨーロッパでは、ＥＵへの統一の動きの裏で、地域への回帰の動きが強く見られる。隣人との共同体的な生活を重んずるものであるならば、それは健全な志向性と言うべきであろう。真の意味で「大きな工作《アーキテクチャー》」は、建築であるよりも都市構成であろう。共同体的意識の学校となるような都市構成ということは、望むべくして不可能な課題であろうか。しかし、それでもなお、望まずにはいられない。都市は全体として自然のなかに抱かれてあり、そして構成されるべき都市空間のなかには、藝術作品のための場所を開いておきたい。先ずは都市を包む自然の美しさが、そして都市のなかの藝術作品が真に美しいものであるならば、それらの美が、人間精神を超えるものがありうることを、日々、われわれに教えてくれるだろう。

エピローグ　哲学のアマチュアリズム

もう一度、フランス美学雑誌のデュフレンヌ特集号に戻りたい。そのなかの一頁に、アランの手紙と、その著書『スタンダール』（再版）の扉に記された献辞が転載されている。手紙としては短い手紙であり、献辞としては長い献辞である。いずれも、息の短いフレーズが、詩のように心に残る。手紙は一九四八年三月四日、献辞は同年八月三日の日付をもっている。アラン八十歳、デュフレンヌ三十八歳、老大家と新進の哲学者、デュフレンヌは処女作であるリクールとの共著を出版した翌年のことである。二人の出会いの経緯は分からない。私淑したデュフレンヌが求めた出会いであったように見える。

手紙には、こう書かれている。

「即興を信頼したまえ。それはいつでも、構成（composition）よりはよいものだ」。

そして、自著『スタンダール』を贈るにあたって、そこには「全哲学が含まれ」ている、とした上で、アランは次のように付け加えている。「アマチュア哲学者にはこれほど相応しいものはない（それに本当の哲学者は誰でもアマチュア哲学者だ）」。

そして、この二つのフレーズは、自づから、わたくしのこころのなかで響きあい、一つになる。プロの哲学者がアカデミックな手続きに拘泥し、或いはそれに寄り掛かるとき、アマチュア哲学者は即興する。即興とは、自らの問題意識とその問題意識が促す思索とに賭けることである。

同じ雑誌のなかにデュフレンヌからの応答が聞かれる。そこに収録されたデュフレンヌ自身のテクストのなかに、「わたしは哲学者か？」（"Suis-je philosophe?"）という一文がある。アランから右の言葉を贈られた殆どすぐあとの頃、デュフレンヌがソルボンヌの助手をしていた一九五〇年代初期の文章で、或るアンケートに答えたものである。その冒頭を引用したい。

わたしは哲学者なのか。この一文を求められた以上、ひとはわたしが哲学者であると見なしてくれているらしい。過分な名誉であり、わたしは自分が哲学者の名に値すると確信できたら嬉しく思う。わたしに分かっていること、それは自分が哲学の教授だ、ということだ。そのことはわたしを拘束し、わたしに安心感を与える。わたしは自らの職業を誠実に務めなければならない。しかし、この仕事だけで、哲学者と呼ばれるのに十分であろうか。

これを読んで直ちに思い出したことがある。随分昔のことだが、雑誌『展望』で読んだ詩人のエッセーの一節である。かれは韓国を訪問した。きっと公式の交流計画かなにかだったのだろう。そのとき、韓国の或る詩人から「日本に詩人は何人いますか」と訊ねられて、困惑した、という話である。このように訊ねた詩人にとって、詩人とはプロ野球の選手や公認会計士などと同じように、正確に人数を数えることのできる職業だった。勿論、われわれにとって詩人は数えられない。数が多すぎるからでもなければ、プロとアマチュアの境界が不明瞭だからでもない。詩人、藝術家などは、相当程度まで、聖者、美人などと同じく美称であって、或るひとが詩人であるかないかは、見るひとによって意見が分かれる。ましてや詩人を自称するようなひとは、自称するというその一事を以て、詩人であることを疑われても仕方がない。哲学者もこれと同様である。少なくとも、デュフレンヌのためらいはここに由来する、と見られる。

不思議なことだが、小説家や劇作家は職業名であるのに、詩人はそうではない。美学者は職業名だが、哲学者は違う。わたくしは美学者と名乗るのに大したためらいは感じないが、哲学者と名乗るのはためらわれる。それは、わたくしの大学では哲学は美学とは別の研究室を構成している、というためばかりではない。国際美学会議に出掛けると、「かれは哲学者だ」というふうに紹介される。それは、この会議の参加者のなかには音楽学者や美術史家なども含まれているためで、理論的美学の専門家は「哲学者」なのである。そう理解していても、妙に面はゆい。勿論、この種の呼び名は両義的であって、デュフレンヌがためらいを示したような「真の用法」は稀なもので、多くの場合は単なる職業名として使われている。それでも、わたくしなどは、哲学者を自認するようなひとに出会うと、思わず顔を見てしまう。

哲学の教授は直ちに哲学者であるわけではない。むしろ、プロフェッショナルであるだけに、かれはアランのような真のアマチュアに較べて、哲学者であることが難しいのではないか。プロの仕事はプロの流儀《スタイル》によって判定される。その仕事のプロを除けば、世の中のひとの誰も関心をもたないのに、その道のプロだけは何より重視する、ということがいくらもある。プロの判定は必然的に技巧的であり専門的である。職人の仕事はその最たるものだ。プロであるかぎり、哲学の教授にも職人的な仕事の面がある。それは広義における哲学史的な知識あるいは解釈の部分であって、この面では、世の人びとが全く関心をもたないことであっても、哲学の教授たちは延々と議論を続けることができる。そしてそれは、プロであるかぎりにおいて、無意味なことではない。しかし、哲学はそういうわけにはいかない。哲学はむしろ、その種の議論の意味付けを求めるだろう。デュフレンヌは言う、「哲学は科学（science）ではない、何故ならそれは科学の意識／良心、すなわち絶対的な反省だからだ」。

＊

だが、それにもかかわらず、哲学は素人藝ではない。

これも旧聞に属することだが、かつて『哲学の森』というシリーズが出版されていたことがある。その頃、旧知の或る編集者に会った。かれは大学で哲学を学び、哲学の好きなひとだ。かれは、楽しみにしてこのシリーズを手に取ったところ、「全然哲学ではない」ことを見てがっかりした、と話してくれた。かれが哲学の何たるかを理解している証拠だ。このシリーズは一種のアンソロジーで、ごくわずかの哲学者の文章を除くと殆どは小説の断片やエッセーを収録している。

俗に言う人生哲学こそ哲学の本領であり、そこにこそ深い哲学がある、という考えがある。このような要求に直接応える哲学は多くはないし、そのようなスタイルの哲学はまがいものか亜流の印象を与える。大方の哲学が無用に煩瑣な議論に拘泥しているのにひきかえ、小説の主人公たちは、まさに時代の空気を吸い、その時代の課題を考え生きているから、かれらの思索こそ真の哲学だ、というわけである。では、その真摯な思索は何故に哲学ではないのだろうか。答は簡単だ。哲学には、おそらく最も根本的な要求として確実性の追求ということがある。多くの著名な哲学者たちは、真に存在するものは何なのか、真なる認識は可能か、或いは認識はいかなる条件において真となるのか、などの問いと取り組んで、その一生を捧げた。勿論すべての学問は真なるものを追求する。おおまかな知識でよいというのなら、既に学問とは言えまい。その真なるものそのもの、真なる認識の可能性や条件などをも問うからこそ、哲学は「万学の女王」と呼ばれる。こうした形而上学的哲学だけが哲学ではないにしても、何にもまして厳密な論理性の要求は、あらゆる哲学的思索の最も基本的な条件である。哲学者は長屋のご隠居ではない。

＊

論理的に厳密であることは、徹底してプロフェッショナルであることを要求する。厳密な論理の筋道を守りつつ議論を進めることは、思い立てば誰にもできる、というようなものではなく、相当の訓練を必要とする。言い換えれば、それは知識というよりも、むしろわざなのである。「学び」が「まねび」すなわち模倣である、という語源考は、この事実を捉えている。およそ学問は、そして特に哲学は、この意味においてプロフェッショナルな技術でなければならない。アカデミズムが素人藝に対して目を光らせ、「学問ではない」というレッテルを貼ろうとするのは、当然のことだ。この技術性、すなわち学問のディシプリンを喪えば、何も残らないからである。そして、アカデミズムとは、プロ集団としての学界のことに他ならない。

しかし哲学は、一方において徹底したプロフェッショナルでなければならないが、同時に他方においては、どこまでもアマチュアでなければならない。すなわち、わざにおいてプロ、発想においてアマ、ということである。この矛盾した要求を満たすことは容易なことではないし、定式化することのできる方策があるような性質の問題ではない。思うにこの矛盾した要求は、創造的活動に通有のものではないか。少なくとも藝術は、明確にこのような性格を示している。一方において、単なるプロ、すなわち技術に秀でてはいるが、アマチュアのこころをもたないひとは、藝術家ではなく職人と呼ばれる。他方において、わざをもたない単なるアマチュアが何者でもないことは、言うまでもあるまい。実践している制作において、全く無用と見えるデッサン力が、美術家に対して要求され続けているのは、何故なのか。それが、藝術家であることの単なる免罪符でないならば、わざと発想が、矛盾するように見えて、根底においてつながっている、ということでなければなるまい。すなわち、プロのわざがあって初めて、藝術の発想をもつことができる、ということになる。当然それはアマチュア的な発想とは異なるものだ。プロの発想による創造とは、アカデミズムのことである。アカデミズムへの傾向は、創造活動にとって本質と言えるほどに根深いもの、と見なければならない。

現在の日本の哲学界の問題は、まさにそこにある。哲学の表現形態が「研究」に限定され、哲学が哲学史研究に集約されているのは、アカデミズムの典型的な状況である。『哲学雑誌』が《二十一世紀の哲学》という特集号を編んだとき（第107巻第779号、有斐閣、一九九二年）、「社会体制の変動と哲学——現代の歴史的位境」という論文を寄稿した廣松渉は、その始めの注に次のように書いている。「本稿は編集委員会より賦与された〝仮題〟をそのままタイトルとしているが、学会誌に相応しからぬ立論に及ぶことを恕されたい」(傍点佐々木)。哲学の学会誌は「立論」をすべき場所ではない、という認識である。その廣松は、「筆者は現代哲学の主要課題は時代診断と処方をも示す歴史批判の哲学に在りとする」と言う。つまり、哲学は立論だということである。そうなると、哲学の学会は哲学不在の集団ということになる。学界の状況認識としては特異なものではなく、ごく正確なものと思う。哲学はアカデミックな学界を逃げ去り、別のところに場所を求めることになる。その哲学は、アカデミズムから見れば、当然余技であり、その議論はアカデミズムによって共有されることはない。

このような状況について、一種の歴史主義的決定論に立つ楽観主義がありうる。現状がアカデミズムの閉塞状況にあるとすれば、それは哲学に従事する人びとが真の創造力を欠いているからだ。真に創造的な天才が現れれば、状況は変わる、というのである。この議論の実質は一種のタウトロギーで、状況を変えた者が天才と呼ばれるのである。従って、これは常に真なるテーゼ、すなわち主張しても安全なテーゼであり、つまるところ無意味なテーゼである。それはまた、天才というものについても間違えている。影響力を及ぼす天才もあれば、孤立した天才もある。また、これは哲学の研究者たちを天才に従属するエピゴーネンと見る点で間違えている。かれらは、その心性において創造者であり、たとい哲学史の研究に没頭していても、その発想の内発性にこだわっている。思うに、影響とは本質的に共感である。こころのなかに既に同じ思いをもっているひとでなければ、影響を受けることはない。だから、問題は誰が言いだすかではない。機が熟しているか否かである。すなわち、哲学に従事する多くの人びとの心のなかに、あるいはその片隅に、わたくしが提起しているような思いがあるかどうかである。それは間違いなくある。常にある。倫理学や美学を含め、哲学に志すひとの多くは、テクストの研究を志すわけではない。自ら創造的に思索することに憧れるのである。それがどこかで間違える。勿論、創造は能力次第だから、創造力の欠如を自覚するというケースは相当あるだろう。しかし、学問の営為がシステマティックに学説研究に集中しているのは、アカデミックな態勢に問題があると見るべき証拠ではなかろうか。六〇年代のアメリカの美学が、そして身近なところでは理論社会学が、思索の学問の可能性を示している。

勿論、アランの教えに従って、アマチュアのこころを取り戻すべきは一人ひとりの《哲学者》である。それは、さほど容易なことではない。現実に反応する感受性がなければならず、それを哲学的に展開する思索力がなければならない。だが、「立論に及ばず」というアカデミックな禁令が緩和されるなら、必ず思索の試みは現れる。しかし、わたくしが本当に憧れ、本当に必要だと思っているのは、そのような思索に対して、共感の輪を広げることであり、これは一人の天才の仕事ではなく、共同体の仕事である。禁令を破って或る思索が提起されるとする。誰もそれに共感を寄せなければ、それだけのことだ。しかし、共感したり、それを否定したいというほどの関心を抱いたならば、その声を挙げなければならない。その声の集まるところに、《われわれの問題》が見えてくる。そのような問題が《日本哲学》を形成する。《日本哲学》とは、我が国の古典的な思想的テクストの研究のことではない。これから創造すべきそれがいかなるものであるのか、いまだわれわれは知らない。それは、われわれが、われわれの現実のなかから、われわれの感受性を以て見つけた問題を、われわれの思考法によって展開するところにしか、創られはしない。

例えば、わたくしの夢見る《日本美学》において、日本の伝統藝術を対象とする、という必要はない。われわれの藝術生活の大半が西洋的な藝術によって支えられているのであれば、それがわれわれの現実であり、この現実に立脚する以外に、われわれの《日本美学》はありえない。「異文化」や「伝統」は、それが問題として意識されたとき、この《日本美学》の一章を構成するかもしれない。それは創造的な思索の結果においてしか判断されないことである。大西克礼は、その『美学』を構想したとき、既に既成の目次をもっていた。* 百年ほど前のものではあったが、美学というものの大きな枠組みはそれである、と大西は確信していた。われわれの創始すべき《日本美学》に関して、目次は書かれていない。一切は実験的に試みなければならない。アランの言うアマチュアとは、この実験の意義を信ずる者のことである。

* モデルとしてフリードリッヒ・テオドール・フィッシャー（Friedrich Theodor Vischer）の浩瀚な『美学』（一八四六〜五七）を挙げることができる。この書物は六巻に分かれ、第一巻は「美の形而上学」、第二巻以下は美の具体的な現象形態を扱い、第二巻は自然美と空想、そして第三巻以下は藝術を扱っている。大西の『美学』はこの「美の形而上学」の部分だけに対応する。これはフィッシャーにおいて「美そのもの」と美的範疇を論ずる二つの部分に分かれている。大西の『美学』が「基礎論」と「美的範疇論」に分かれているのは、まさにこのモデルに準拠したものである。その「基礎論」の内容は、フィッシャーの「美そのもの」の論とは大きく異なっているが、美学における最も基礎的なものが何であるかの認識の違いによることと見ることができる。ただし、更に一歩踏み込んで内容を問題にすると、このモデルが借り物であるということが露呈してくる。フィッシャーの場合、ヘーゲルに従って、美は理念と像（Bild）との統一として定義され、その壮大な理論は、この単純な定義の展開として、まさにシステムとして構築されている。すなわち、「美そのもの」はこの定義の説明であり、美的範疇論は理念と像の統一の仕方の多様性であり、第二巻以下はその具体的な現象形態の多様性を論じている。つまり、美的範疇論

は論ずべき理由があって立てられた主題である。ところが大西の場合、ドイツ観念論美学におけるこの関連を適切に認識しながら（下巻、二頁）、自らがこれに自らの美学の半分の重要性を託すにあたっての根拠は、「此の問題は、従来の一般美学或は美学体系の中で、概ね多少の程度に於いて常に論議されてゐるところである」（同）ということにすぎない。それが自明のことではないということは、後代のわれわれの目には明らかである。

あとがき

本書はエッセイ集『ミモザ幻想——記憶・藝術・国境』と同時に出版される。エッセイ集が情の書ならば、本書は意の書であり、あわせて研究という知の活動を補完する。加えて、エッセイは自分では、本書が提起しているエスニックな基盤からの思索のひな型と考えているので、『ミモザ幻想』は本書を補完するものでもある。そのような思いから、二冊の同時出版にこだわった。

この二冊と並行して、三年間講義したオランダのヤン・ファン・エイク・アカデミーから、英文の書物を刊行する準備が進んでいる。それは、わたくしにとってのエスニックな美学を展開する、最初の自覚的な著作となるはずだ。

傍目には何の変化もないに相違ない。本書にも見えるように、エスニックな美学への傾向は、わたくしのなかで既に何年も前から萌していた。そして他方において、わたくしにとって「研究」が重要なものであることにも、変わりはない。出版を計画（というよりも念願）している学位論文は、フランスを中心とする十八世紀美学の歴史に関するものだし、二十年前から継続しているボワローの『詩学』とディドロの『絵画論』の研究も近いうちに完成させたいと考えている。だから思索も研究も、目立って変化しているわけではない。しかし、わたくしの頭のなかにある仕事の海図は、すっかり変わってしまった。今回公にする二冊は、わたくしにとってその変化を画するという意味をもっているので、一種特別な喜びがある。

本書のなかには、加筆して再録した旧稿があるので、その初出を明記し、それぞれの編集責任者に謝意を明らかにしたい（ちなみにJTLAは、東京大学美学藝術学研究室の刊行している欧文紀要である）。

第一章は

"Should/Can Philosophy Be Ethnic?", *Metaphilosophy*, Vol.28, No.4, Special Issue : "Internationalism in Philosophy", Blackwell, Oct., 1997.

プロローグと第五章は

「引用をめぐる三声のポリフォニー」、『現代哲学の冒険5　翻訳』、岩波書店、一九九〇年

第六章は

「遅れて来た近代——作品・作者・読者」、『岩波講座・現代思想』9《テクストと解釈》、岩波書店、一九九四年

第七章は

「21世紀の藝術」、『哲学雑誌』第一〇七巻第七七九号、有斐閣、一九九二年、もしくは"Twilight of Western Art Principle —— Art at the 21st Century", *JTLA*, vol. 18, 1994.

そして付録は

"Report concerning a Research Questionnaire on the Fundamental Concepts in Aesthetics",

JTLA, vol. 16, 1992.

特に「引用をめぐる三声のポリフォニー」は、本書のプロローグとしたエッセイを最上段に組み、第五章の論考を中段に置き、下段に引用からなる注をあしらう、という工夫を凝らした構成のもので、これをばらすのは気が進まなかったが、最終的には本書としての構成を重んじた。その構成は、書籍としての制作にかかる最終段階で、大幅な見直しを行った。この改訂はよい結果を生んだと思うが、それは「縮めた方がよい」という編集者伊藤真由美さんの言葉のお陰である。二冊同時刊行の希望を実現して下さったことを含めて、有り難く思っている。

一九九八年二月

佐々木健一

付録　美学の基本概念に関するアンケート調査

0　アンケート調査

わたくしは東京大学文学部において、隔年で美学概論の講義を担当しているが、1987年以後、毎週新たな美学的基本概念を取り上げ、1回の授業で完結するように講じるという形式をとった。この講義は既に『美学辞典』（東京大学出版会、1995年）という著書として結晶した。この講義を始めた当初、問題となったのは、約25程の基本概念をどのようにして選ぶか、ということだった。当面は自分の選択によることとしながら、専門の研究者を対象としてアンケート調査を行うことを企てた。勿論、「標準的」な選択がどのようなものであるかを知るためである。

このアンケート調査を実施するために、わたくしは1988年夏に英国で相次いで開催された2つの国際会議の機会を活用することにした。ブライトンでの第18回国際哲学会議と、ノティンガムにおける第10回国際美学会議である。この両会議に出席したわたくしは、多くのアンケート用紙を主要会場の机の上に置くとともに、ノティンガムでは友人たちに直接協力を要請した。その直後、京都の同志社大学で開催された第39回美学会全国大会の際に、同じ内容のアンケート調査を日本の同僚たちに対して行った。アンケートは、趣旨説明と協力要請の部分は、外国では英語、日本では日本語で書いたが、選択肢として呈示する基礎概念はいずれも英語で同じ内容となるようにした。趣旨説明と協力要請の部分の日本語文は次のごとくである。

アンケートへの協力のお願い

現在、美学の歴史は一つの曲がり角に差し掛かっているように思われます。そこでこの時点における美学の基本概念の動向を、アンケート方式によって捉えたい、と考えました。ここで「基礎概念」と言いますのは、哲学的な美学を専門的に研究する上で、それを知っていることが不可欠であるような概念、とご了解下さい。或いは、専門的な美学の基礎教育の上で、必ず教えるべき概念、という規定でもよろしいかと思います。

お願いする作業は、30の基本概念を選んで頂くことです。その際、重要度を3つのランクに分け、最も重要な10の概念については①、次の10概念は②、最後の10概念は③とマークして下さい。右に約100の概念を、原則として英語で表記してあります（国語によるニュアンスの差異は、無視することに致します）。選ばれた概念がリストのなかにあるならば、その右の点線を施した個所に上記の記号を書き込ん

でください。選ばれた概念がリストのなかにない場合には、下の空欄にそれを記した上で、同じく上記の記号を添えて下さい。リストには東洋や日本の伝統的な概念を挙げてありませんが、上に述べた基準に従ってのご判断で、東洋や日本の概念を選ばれることを、拒むものではありません。

無記名で構いませんが、年齢と性別は統計処理の上で必要なので、お答え下されば有り難く存じます（年齢は年代でも構いません)。お名前とご住所を記して下さった方には、首尾よく結果の得られた場合に、それをお送りしたいと思います。回答は、できれば、学会の会場で回収したく思いますが、遅れた場合には、下記の住所にお送りください。

当面、個々のご回答に対して謝意をお伝えすることができませんので、ここで予め、ご協力下さる皆様に、お礼を申し上げておきます。

（名前と住所及び回答例）

わたくしがリストアップした概念は以下の通りで、このままのアルファベット順で記載した。

abstract and figurative - academism - aesthetic categories - aesthetic consciousness - aesthetic existence - aesthetic experience - aesthetic judgement - aesthetic idea - aesthetics - architecture - art - “l'art pour l'art” - assimilation and alienation - beauty - beauty of nature - “catharsis” - classic and baroque - “cliché” - code - comic - communication - comparative aesthetics/comparative science of art - composite art (Gesammtkunstwerk) - composition/structure - convention - creation/invention - criticism - dance - decoration - “decorum” - dimension - dramatic - education - experiment - expression - evidence - feeling - festivities - film - form and content - general and particular - genius - “genres” - grace - harmony - history - history of aesthetics - humour - iconography and iconology - ideal and real - illusion - imagination - imitation (imitatio) - impression - improvisation - inspiration/enthusiasm - institution - interest/disinterestedness - interpretation - intuition - irony - literature - “matière” - “métier” - mode - mood - music - originality - painting - passion - parody - performance - perspective - play - pleasure - proportion/symmetry - point of view - public - purity - reception - representation (mimêsis) - reproduction - rhetorical figures/metaphor - rhythm - romantic - science of art - sculpture - scheme - sensibility - sublime - symbol and sign -

sympathy and "Einfühlung" - style and manner - taste - technique - text - theatre - time and space - tradition and "avant-garde" - tragic - ugliness - urbanism - value - verisimilitude - work(œuvre).

得られた回答は西洋の学者から29、日本の研究者から27で、特にグダニスクのボーダン・ヂェミドック教授とミラノのガブリエーレ・ベルサ教授には多くの協力を頂いた。これらのうち3つの回答は統計的分析から除かなければならなかった。選ばれた概念の数があまりに多すぎるか、少なすぎたからである。従って、西洋27、日本26の回答を統計処理することにした。

おそらく、有効な統計分析のためには、このサンプル数は少なすぎるだろう。しかし、個人的な事情で、アンケートを実施してから結果を出すまでに3年を経過してしまい、これらの回答だけで分析を試みる他はない、と考えた。時間をおいて再度アンケートを行った場合には、回答の傾向の変わる可能性があるはずだからである。それでも、これらのサンプルには2つの長所がある。第1に回答者が専門家であるために、問いに対して最高の適性があると見なしうること、第2に西洋と日本からほぼ同数の回答を得ているために、結果の数字を直接比較することができること、である。

わたくしはアンケート調査についても、また統計的分析についても素人である。この3年の間に、コンピューターによる統計処理の方法の習得を試みたが、マスターするに到らなかった。それ故、以下に示すのは、方法論を欠いた素人の仕事の結果である。あとで明記するように、手でおこなった計算をシステマティックに間違えたところもある。しかし、少なくともわたくし自身が得たいと思っていた結果は得られたように思う。

また方法以前に、この種の調査そのものの意義について懐疑的なひとが少なくないことを、わたくしは承知している。回答することを引き受けてくれながら、この疑問を表明された方もある。学問の共同体的な側面を重視するわたくしの立場では、これは重要性をもっている。しかし、その意義を判定するのは最終的には個々の読者である。先ず結果を呈示した上で、わたくしの意見を述べることにしたい。

1　アンケート調査の結果――総合チャート

先ず、アンケート調査の全体的な結果を示すことにする。ここでも概念は翻訳せず、アンケート用紙に挙げたままの形で表記する。それぞれの概念に対して与えられた重要度を以下に示す換算式に従って得点化し、挙げられた全概念をこの得点の順に並べる。その際、西洋と日本に分けて、得点とその概念を挙げた人の数を明記

する。同点の場合には、それを重要とした人の数の多い方を上位とし、この人数の点でも等しい場合には、完全に同位であり、概念のアルファベット順に呈示する。得点の換算は次のように行う。最重要の十概念として挙げられたものには20点、次の十概念（11位から20位まで）には15点、最後の十概念（21位から30位まで）には10点を与える。例えば“beauty”（美）の場合で言えば、以下の表は次のように読む。《この概念は全体で725点を獲得したが、その内訳は西洋から255点、日本から470点である。そして、これを重要概念として挙げた人は西洋人では15人、日本人では25人いる》。この表は1人でも挙げたひとのいる概念はすべて呈示しているが、ただ1人しか挙げなかったものは、最後にまとめて示す。アステリスク＊のついている概念は、わたくしが予めリストアップしたもののなかになかったものであり、これらについては、原則としてそれを挙げたひとの用いた表記をそのまま使っている。

	概　　念	西洋人	日本人	総計
1	beauty	255/15	470/25	725/40
2	art	265/14	435/23	700/37
3	creation/invention	290/16	365/23	655/39
4	aesthetic experience	295/18	335/23	630/41
5	expression	285/18	285/18	570/36
6	value	260/14	275/17	535/31
7	aesthetic judgement	230/14	300/18	530/32
7	aesthetics	140/ 8	390/20	530/28
9	imagination	205/12	310/20	515/32
10	work (œuvre)	145/ 8	325/19	470/27
11	interpretation	235/15	230/14	465/29
12	aesthetic categories	200/13	250/17	450/30
13	criticism	180/12	265/16	445/28
14	aesthetic consciousness	235/14	200/12	435/26
15	communication	250/15	175/12	425/27
16	symbol and sign	230/14	185/12	415/26
17	history of aesthetics	185/13	205/12	390/25
18	intuition	195/13	190/12	385/25
19	rhetorical figures/metaphor	215/14	150/11	365/25
19	taste	180/11	185/11	365/22
21	“catharsis”	240/16	110/ 9	350/25

22	beauty of nature	120/ 8	225/16	345/24
23	tradition & "avant-garde"	240/17	90/ 6	330/23
24	composition/structure	195/13	130/11	325/24
24	form and content	130/ 9	195/13	325/22
26	originality	175/12	145/10	320/22
27	feeling	145/13	170/12	315/25
28	aesthetic existence	100/ 6	195/11	295/17
29	pleasure	170/11	110/ 8	280/19
29	text	160/10	120/ 8	280/18
31	sensibility	145/10	130/12	275/22
31	style and manner	140/11	135/ 9	275/20
33	aesthetic idea	95/ 6	175/12	270/18
33	genius	135/10	135/ 8	270/18
35	representation (mimêsis)	90/ 5	170/11	260/16
36	ideal and real	115/ 8	135/ 8	250/16
36	sympathy and "Einfühlung"	155/10	95/ 6	250/16
38	play	135/10	110/ 9	245/19
38	comparative aesthetics...	130/ 9	115/ 9	245/18
40	education	160/10	80/ 5	240/15
41	illusion	140/10	90/ 7	230/17
42	convention	170/12	55/ 5	225/17
43	music	155/10	65/ 5	220/15
43	time and space	115/ 8	105/ 7	220/15
45	imitation (imitatio)	70/ 6	140/10	210/16
45	history	75/ 5	135/9	210/14
47	code	145/10	60/ 4	205/14
47	painting	125/ 8	80/ 6	205/14
49	technique	85/ 6	115/ 8	200/14
50	architecture	110/ 8	75/ 6	185/14
50	performance	100/ 7	85/ 7	185/14
50	inspiration/enthusiasm	130/ 9	55/ 3	185/12
53	harmony	80/ 6	100/ 8	180/14
53	verisimilitude	90/ 7	90/ 7	180/14
53	irony	155/11	25/ 2	180/13

53	reception	125/ 8	55/ 4	180/12
57	abstract & figurative	80/ 5	95/ 7	175/12
58	iconography & iconology	95/ 7	75/ 6	170/13
58	sublime	120/ 8	55/ 4	175/12
60	tragic	115/ 9	50/ 4	165/13
61	theatre	105/ 7	50/ 3	155/10
62	passion	75/ 5	70/ 6	145/11
62	reproduction	55/ 4	90/ 7	145/11
62	rhythm	70/ 6	75/ 5	145/11
62	ugliness	90/ 6	55/ 5	145/11
66	literature	100/ 7	40/ 3	140/10
66	assimilation & alienation	125/ 8	15/ 1	140/ 9
66	science of art	35/ 2	105/ 6	140/ 8
69	"métier"	80/ 6	55/ 5	135/11
69	experiment	115/ 8	20/ 1	135/ 9
71	institution	60/ 6	70/ 5	130/11
71	film	110/ 8	20/ 2	130/10
73	"genres"	35/ 3	90/ 6	125/ 9
73	impression	60/ 4	65/ 4	125/ 8
75	"l'art pour l'art"	70/ 5	50/ 4	120/ 9
75	romantic	110/ 8	10/ 1	120/ 9
75	interest/disinterestedness	55/ 3	65/ 4	120/ 7
78	comic	95/ 7	20/ 2	115/ 9
78	mode	100/ 8	15/ 1	115/ 9
78	sculpture	70/ 5	45/ 4	115/ 9
78	point of view	90/ 6	25/ 2	115/ 8
82	public	40/ 3	65/ 4	105/ 7
83	perspective	30/ 3	70/ 5	100/ 8
83	humour	90/ 6	10/ 1	100/ 7
85	classic & baroque	55/ 4	40/ 3	95/ 7
86	"decorum"	65/ 5	25/ 2	90/ 7
86	decoration	35/ 2	55/ 4	90/ 6
88	improvisation	80/ 6	0/ 0	80/ 6
89	urbanism	55/ 4	20/ 2	75/ 6
90	dramatic	60/ 6	10/ 1	70/ 7

90	dance	70/ 5	0/ 0	70/ 5
92	“cliché”	55/ 5	10/ 1	65/ 6
93	composite art(Gesammtkunstwerk)	60/ 5	0/ 0	60/ 5
93	aesthetic/aesthetic qualities *	20/ 1	40/ 2	60/ 3
95	mood	35/ 3	20/ 2	55/ 5
95	scheme	40/ 4	15/ 1	55/ 5
95	purity	30/ 2	25/ 2	55/ 4
95	parody	55/ 3	0/ 0	55/ 3
99	academisn	20/ 2	30/ 3	50/ 5
99	proportion/symmetry	25/ 2	25/ 2	50/ 4
101	festivities	30/ 2	10/ 1	40/ 3
101	general and particular	25/ 2	15/ 1	40/ 3
103	dimension	25/ 2	10/ 1	35/ 3
104	grace	10/ 1	20/ 2	30/ 3
104	truth/truth beauty *	0/ 0	30/ 2	30/ 2
106	evaluation *	25/ 2	0/ 0	25/ 2

107 20／1を獲得した概念：appearence(Schein) *, artistic practice *, appreciation *, body *, composition & decomposition *, contestation *, daily *, deconstruction *, difference *, image *, liberation *, media *, modern & postmodern *, multiplicity *, rightness *, worldmaking *, 123 15／1を獲得した概念：autonomy *, design *, desire *, ethic beauty *, evidence, experience of work of art *, function *, “kairos” *, language *, meaning *, perception *, suspense *.

135 10／1を獲得した概念：“l'art pour la vie” *, compensation *, “Denkstil” *, formation(Gestaltung) *, semiotics *, sociology *, tragi-comic *.

標準というものがないので、このランキングを解釈することは難しい。それに、予想と大きく外れるものではないが、いくつかのコメントを加えておきたい。

先ず、わたくしがリストアップしなかったにもかかわらず、回答者が重要として挙げたものは、全体的評価の上で大きなハンディキャップを背負っている。リストに挙げられていたならば、より大きな評価を得た可能性がある。特に注目すべきは “aesthetic/aesthetic qualities” で、リストのなかになかったにもかかわらず3人のひとが挙げ60点を獲得して91位となっている（実は2種類の回答を1つにまとめるという操作をした)。わたくしのつもりでは、これは「美的範疇」(12位、450点／30人）のなかに含められる概念と考えていた。そのように考えなかったひとが

3人いたわけだが、「美的なもの／美的質」というこの形でリストアップしておけば、異なる結果になったかもしれない（「美的範疇」と両方を挙げておけば、「美的質」の方が高得点だったかもしれない）。この種の同義語や反義語は扱いが難しい。理想的には、先ず予備的なアンケートを行った上でリストアップする概念を決めるべきであったろうが、それも実施の上では困難がないわけではない（予備調査と本調査の回答者が異なれば、必ずあとから追加される概念が出てくるものと思われる）。

第2に、“aesthetic”（美的）という形容詞を含む概念は、それだけで重視されがちな傾向がある。典型的なのは“aesthetic consciousness”（美的意識、「美意識」と訳すこともできるが、日本語で普通に言われる美意識とは相当なギャップがある）の場合である。心理主義と呼ばれるような思想基調のなかで、美的体験における心的現実を指して使われたこの概念は、専門的な術語としては、明らかに過去のものである（例えばHistorisches Wörterbuch der Philosophieには、この項目がない）。これをカウントしたひとが、これが「美的体験」とほぼ同義語だった、という事実を認識しているのかどうか、疑うこともできる。事実19人のひとは、この両者を同時にカウントしている。“Aesthetic existence”（美的実存）も、専門的術語と言えるかどうかあやうい面をもっている。何故なら、その語義について共通理解があるようには思われないからである。

逆の意味で“aesthetics”（美学）の場合もまた、興味深い。特に西洋人のなかで、これを挙げたひとがこれほど少ないのは何故だろうか。余りにも自明で、その概念内包について問題があるようには思われなかった故であろうか。リストから読み取られる限りでは、そのように思われる。「美学」とは何か。その実体はこのリストそのものが表現しているはずである。そこから判断すれば、“aesthetics”とは、バウムガルテンの構想と変わらず、美もしくは藝術の学もしくは哲学である。だが、より注意深く調査結果を読んでみると、美と藝術の2つの概念に対して西洋人の与えた得点と日本人の与えた得点との間の対照に驚かされる。この2つが結果のリストのなかで高順位を占めているのは、日本人が両者に例外的な高得点を与えたためである。事実、日本人の回答者26人のうち25人が「美」を、23人が「藝術」を挙げている。日本人の観点より見れば、西洋美学は既に中心を喪失してしまった、ということになるかもしれない。

上のリストのなかで最も意味深い事実は、西洋人と日本人の選択の示した対照にあるように思われる。そこで、配列を替え、西洋人、日本人それぞれを分けて、2つのランキングのかたちでこれを示すことにしよう。

2　現代美学における東と西

次に示すのは、西洋人、日本人のそれぞれが選んだベスト３０である。

西洋人			日本人		
1	aesthetic experience	295/18	1	beauty	470/25
2	creation/invention	290/16	2	art	435/23
3	expression	285/18	3	aesthetics	390/20
4	art	265/14	4	creation/invention	365/23
5	value	260/14	5	aesthetic experience	335/18
6	beauty	255/15	6	work (œuvre)	325/19
7	communication	250/15	7	imaginaton	310/20
8	tradition & "avant-garde"	240/17	8	aesthetic judgement	300/18
8	"catharsis"	240/16	9	expression	285/18
10	interpretation	235/15	10	value	275/17
10	aesthetic consciousness	235/14	11	criticism	265/16
12	aesthetic judgement	230/14	12	aesthetic categories	250/17
12	symbol & sign	230/14	13	interpretation	230/14
14	rhetorical figures...	215/14	14	beauty of nature	225/16
15	imagination	205/12	15	history of aesthetics	205/12
16	aesthetic categories	200/13	16	aesthetic consciousness	200/12
17	composition/structure	195/13	17	form and content	195/13
17	intuition	195/13	17	aesthetic existence	195/11
19	history of aesthetics	185/13	19	intuition	190/12
20	criticism	180/12	20	symbol and sign	185/12
20	taste	180/11	20	taste	185/11
22	originality	175/12	22	aesthetic idea	175/12
23	convention	170/12	22	communication	175/12
23	pleasure	170/11	24	feeling	170/12
25	education	160/10	24	representation (mimêsis)	170/11
25	text	160/10	26	rhetorical figures...	150/11
27	irony	155/11	27	originality	145/10
27	music	155/10	28	imitation (imitatio)	140/10

27	sympathy & "Einfühlung"	155/10	29	history	135/ 9
30	feeling	145/13	29	style and manner	135/ 9
30	code	145/10	29	genius	135/ 8
30	sensibility	145/10	29	ideal and real	135/ 8

既に指摘したように、日本人のリストにおいては、藝術と美という２つの「スター概念」への集中の傾向が認められる。それだけでなく、これは全体の傾向における顕著な対照である。すなわち、日本人は限られた数の主要概念へと集中しようとするのに対して、西洋人はより多くの概念に得点を拡散させている。第１位の概念の得点比は470対295である。そして22位では同点となり、30位になると135対145と比は逆転する。そこで、10位、20位、30位の概念を取り上げ、それぞれの得点が１位の概念の得点からどの程度減衰しているかを調べると、次のようになる。

	10位	20位	30位
西洋人	−20%	−39%	−48%
日本人	−41%	−61%	−71%
全体	−35%	−50%	−61%

日本人の示す全体的に高い減衰率は、得点が少数の概念に集中していること、すなわち共通理解としての基本概念のレパートリーが存在することを示している。付け加えるならば、わたくしがリストアップして呈示した概念のうち、日本人が１人も選ばなかったものが５つある。総合藝術・舞踊・明証性・即興・パロディの５つだが、これに対して、西洋人の間では０点の概念はなかった。これらの事実は、日本ではアカデミックな標準化が高度に進行しており、スコラ美学と呼べるようなものが存在していることを、強く示唆している。

この日本美学が日本の伝統文化に立脚したものではなく、西洋哲学に準拠したものであることは言うまでもない。世界のなかで日本は、多くの大学に独立した美学の学科もしくはそれに相当する部門をもつ唯一の国である。また1945年創立の日本の美学会は会員数において世界最大の美学会である。これらの事実が、この学問の標準化を促したことは間違いない。この標準化にあたっては、いかなる個人的著作にもまして、竹内敏雄編『美学事典』（弘文堂、1961年）が決定的な影響力を及ぼした、と思われる。

また、日本人が「美」に非常な高得点を与えていることは、文化的伝統だけによっては説明がつかない。たとい、日本に美の文化が存在するとみとめるとしても、

重要なのは、それが「美学」という学問の名称によって、言わば制度化されている、という事実である。言うまでもなく“aesthetics”は語義としては「感性学」を意味するにすぎず、美の成分をもっていない。この名称の違いは、この学問についての理解において、大きな差異を生み出しても不思議ではない。

これからやや細かく、西洋人と日本人の評価において顕著な違いの見られるケースを、個々に取り上げることにする。先ずは日本人の特徴的評価の方からである。

日本人のチャートで、上に指摘した「美学」に次いで顕著なのは6位に挙げられた「作品」(西洋人が140点／8人であるのに対して、325点／19人)である。わたくしはかつて『作品の哲学』(東京大学出版会、1985年)という1著を公にしたことがあるので、特に興味深い。西洋人の場合はこの表に出てこない(33位)。ただし、後掲の「専門家」および「40歳以下」のリストにおける西洋人の評価では、それぞれ20位、15位に相当する。

「自然美」(西洋人のチャートでは44位、120点／8人に対して、日本人の間では14位、225点／16人)については、文化的伝統が関与しているだけでなく、「美の学」という斯学の日本的概念では、自然美も藝術美と同等の資格で主題となる、という事実が関与している。

“Aesthetic idea”(感性的理念)(西洋人のチャートでは58位、95点／6人に対して、日本人の場合は22位、175点／12人)は曖昧かもしれない。というのは、これを藝術的構想の意味で理解したひともいるのではないか、と思われるからである。しかし、この数字は、日本のスコラ美学においてカントが強い影響力を保持していることを示しているようにも思われる。また、日本美学のスコラ的性格を示すものとしては、「再現」(西洋人の90点／5人に対して、24位、170点／12人)と「模倣」(西洋人の70点／6人に対して、28位、140点／10人)の数字を挙げることができる。「専門家」のチャートには登場しない「歴史」(西洋人の75点／5人に対して、29位、135点／9人)については、差し当たり、わたくしには説明が見つからない。それを美術史家の影響と言うこともできない。この概念を選んだ9人のうちに美術史家は2人しかおらず、3人は美学者、他の人はその専門を明記していなかった。

西洋人のチャートにおいて目につくのは、「約定もしくは約束事」(日本人の55点／5人に対して、23位、170点／12人)や「コード」(日本人の60点／4人に対して、30位、145点／10人)のような相当新しい概念である(これについては後掲の「若い世代」のチャートとその解析を見よ)。しばしば「作品」と対比される「テクスト」を見ると、その得点(25位、160点／10人)は「作品」の140点よりも高いが、日本人のチャートでも120点／8人(36位)を得ているから、その「新しさ」から期待される点数を考えると、さほど高いとは言えない。

「教育」(日本人の80点に対して、25位、160点／10人)と「アイロニー」(日本人

の25点に対して、27位、155点／11人）は、西洋的な美学のあり方を示すものとして、特に注目すべきであろう（ただし、「教育」は特に女性の与えた評価が高い。後掲の女性のチャートを見よ)。「アイロニー」に関連して「ユーモアもしくはフモール」（日本人の10点に対して90点／6人）と「パロディ」（日本人は0点だが、55点／3人）を参照するならば、その殆ど無視に等しい扱いに、日本文化の特徴をみるべきであろう。

3　美学の専門家

回答者は主として国際哲学会議と国際美学会議の出席者、それに日本の美学会の会員である。そこには厳密な意味での美学の専門家以外の人びとも参加している。そこで美学の専門家に絞った場合には、これまで見たのとは異なる特異な傾向が現れるかもしれない。そこで以下に「美学の専門家」のチャートを示すことにする。ここで「専門家」というのは、その専門領域に関する回答欄に美学、藝術哲学と答えたひとのことであり、そのなかには音楽美学のような特定の藝術ジャンルに関する美学も含めてある。また、複数の領域を挙げたひとも、そこに美学が含まれていれば、それも「専門家」と見なした。その数は西洋人14、日本人16である（これは総数の半分強に相当する)。

表示の上では同じ原則を採用するが、ここではかっこのなかに入れて、上掲の総合チャートの数値からの比率で期待される点数をも示すことにする。例えば下の表における“art”の場合で言えば、9人の西洋の専門的美学者がこれを選び、175点を与えている。しかし、総合チャートの得点から人数比で予想される得点は170点である。何故なら、総合チャートにおける“art”の得点は265点、それをカウントした西洋人の学者の数は14、そしてそのうちの専門家は9人だったからである(265×9/14)（なお、この報告の初版である英語版は、この部分と次の減衰率に関する計算を全面的に間違えていたので、ここに一言して、これを参照して下さった方に対してお詫び申し上げたい。これらの数字を訂正し、これに関連するコメントを修正したものを以下に示す。この点は次の「若い世代」「女性のチャート」でも同様である)。

		西洋人	日本人	総数
1	beauty	115/ 4（ 68）	405/20（376）	520/24（444）
2	art	175/ 9（170）	280/14（264）	455/23（434）
3	value	205/11（204）	180/12（195）	385/23（399）
4	creation/invention	140/ 8（145）	215/13（206）	355/21（351）

5	aesthetic experience	180/10 (164)	165/ 9 (167)	345/19 (331)
6	aesthetic judgement	135/ 8 (131)	190/11 (183)	325/19 (314)
7	aesthetics	90/ 5 (88)	230/12 (234)	320/17 (322)
8	interpretation	155/10 (157)	160/10 (164)	315/20 (321)
9	work (œuvre)	95/ 5 (88)	210/12 (205)	305/17 (293)
10	aesthetic categories	140/ 9 (138)	155/10 (147)	295/19 (285)
10	symbol & sign	160/10 (164)	135/ 9 (139)	295/19 (303)
12	expression	100/ 7 (103)	190/12 (190)	290/19 (293)
13	imagination	90/ 6 (102)	200/13 (202)	290/19 (304)
14	criticism	120/ 7 (105)	155/10 (166)	275/17 (271)
15	aesthetic consciousness	125/ 7 (117)	125/ 8 (133)	250/15 (250)
16	communication	140/ 8 (133)	105/ 7 (102)	245/15 (235)
17	history of aesthetics	110/ 8 (114)	125/ 8 (137)	235/16 (251)
18	beauty of nature	95/ 5 (75)	130/11 (155)	225/16 (230)
19	intuition	80/ 6 (90)	140/ 9 (142)	220/15 (232)
19	tradition & "avant-garde"	155/10 (141)	65/ 4 (60)	220/14 (201)
21	aesthetic existence	85/ 4 (67)	130/ 9 (160)	215/13 (227)
22	aesthetic idea	75/ 5 (79)	130/ 9 (131)	205/14 (210)
23	rhetorical figures...	100/ 7 (107)	100/ 7 (95)	200/14 (202)
24	composition/structure	105/ 7 (105)	85/ 7 (83)	190/14 (188)
24	taste	55/ 4 (65)	135/ 9 (151)	190/13 (216)
26	form & content	65/ 5 (72)	120/ 8 (120)	185/13 (192)
27	representation (mimêsis)	50/ 3 (54)	125/ 8 (124)	175/11 (178)
28	performance	80/ 6 (86)	85/ 7 (85)	165/13 (171)
28	text	110/ 7 (112)	55/ 4 (60)	165/11 (172)
30	comparative aesthetics...	100/ 7 (101)	60/ 4 (51)	160/11 (152)
30	technique	45/ 3 (42)	115/ 8 (115)	160/11 (157)

次に減衰率を挙げる。30位は総計の数についてしか出してない（西洋人、日本人の個別の30位はここに挙げてない）。

	10位	20位	30位
西洋人	−34%	−51%	
日本人	−59%	−69%	
総数	−33%	−58%	−69%

全体としては総合チャートに較べて大きな差はない。総合チャートで21位だった「カタルシス」が脱落していることが目につくが、これも150点で32位だから、驚くほどの差異ではない。

上の数字のなかで先ず注目されるのは、当然のことながら、総合チャートよりも減衰率が高くなっていることで、特に西洋人の学者の場合に顕著である（10位で20％から34％へ、20位で39％から54％へ）。言うまでもなく、これはより高度の専門化を意味している。

専門家の得点と期待値との関係に注目しよう。その差異が大きければ大きいだけ、専門的評価の特殊性を意味している。多くの場合は誤差の範囲の乖離しか見られない。そこで10点以上の開きのあるものだけを抽出することにする。先ず、総計に関して、専門家の評価が期待値を10点以上上回ったのは、美・藝術・美的体験・美的判断・作品・美的範疇・コミュニケーション・伝統と前衛の８つで、特に差の大きいのは美・藝術、ついで伝統と前衛・作品である。逆に10点以上低かったのは、想像力・美学史・直観・美的実存・趣味の５つで、特に「趣味」において差が大きかった。

西洋人の得点だけで同じ比較をしてみると、専門家の得点が期待値を10点以上上回ったのは、美・美的体験・藝術批評・自然美・伝統と前衛・美的実存の６つで、特に差の大きかったのは美・自然美という２つの美の概念だった。逆に10点以上下回ったのは想像力・直観・趣味の３つだった。

日本人の場合は、総じて乖離が少なく得点差も小さいが、10点以上専門家の得点が上回ったのは、藝術・美の２つだけで、逆に10点以上低かったのは藝術批評・美学史・自然美・美的実存・趣味の５つだった。このなかでは美的実存の点差が大きい。

３つの得点（総計、西洋人、日本人）のすべてにおいて、専門家の評価が期待値を上回ったのは美だけで、逆に下回ったのは趣味だけである。美については、これが美学の本来の主題の１つであるということに関する専門的知識によるものであろう。また、趣味という18世紀の概念が時代遅れであることが、この評価に示されていて興味深い。また、特に面白いのは、西洋人の専門家が期待値以上の重要性を認めた上記６概念のうち、藝術批評、自然美、美的実存の３つについては、日本人の専門家が期待値以下の評価しか与えなかった、という事実である。このうちでは特に藝術批評については、理由を推測しやすい。西洋では特に古典的な分析美学が批評の言語を美学の直接の素材とするなど、批評に対して学界が高い評価を与えているのに対して、日本ではアカデミズムが特に批評を毛嫌いし排除する、ということのように思われる。

4　若い世代

若い世代は常に新しい思潮に対して敏感である。40歳をボーダーラインとして、次に「40歳以下のチャート」を示す。西洋人からは12、日本人では８つのサンプルを得た。表記の原理は前節の「専門家のチャート」と同じである。

		西洋人	日本人	総数
1	beauty	110/ 7 (119)	145/ 8 (150)	255/15 (269)
2	art	120/ 6 (114)	130/ 7 (132)	250/13 (246)
3	aesthetic experience	140/ 8 (131)	90/ 6 (87)	230/14 (218)
4	value	95/ 5 (93)	115/ 6 (97)	210/11 (190)
5	creation/invention	85/ 5 (91)	120/ 8 (127)	205/13 (218)
6	expression	125/ 8 (127)	70/ 5 (79)	195/13 (206)
7	aesthetic judgement	95/ 6 (99)	95/ 6 (100)	190/12 (199)
8	interpretation	100/ 6 (94)	85/ 5 (82)	185/11 (176)
9	convention	135/ 9 (127)	45/ 4 (44)	180/13 (171)
10	symbol & sign	125/ 8 (131)	55/ 3 (46)	180/11 (177)
11	intuition	75/ 5 (85)	100/ 6 (95)	175/11 (180)
11	work (oeuvre)	85/ 5 (88)	90/ 5 (86)	175/10 (174)
13	rhotorical figures...	80/ 6 (92)	90/ 6 (82)	170/12 (174)
13	composition/structure	115/ 7 (105)	55/ 4 (47)	170/11 (152)
15	criticism	65/ 5 (75)	95/ 6 (99)	160/11 (174)
15	taste	90/ 5 (82)	70/ 4 (67)	160/ 9 (149)
17	code	130/ 9 (131)	25/ 2 (30)	155/11 (161)
17	imagination	60/ 3 (51)	95/ 6 (93)	155/ 9 (144)
19	tradition & "avant-garde"	105/ 8 (113)	45/ 3 (45)	150/11 (158)
19	aesthetic categories	95/ 6 (92)	55/ 4 (59)	150/10 (151)

減衰率は次の通りである（西洋人だけのリストでの２０位の得点は８５点、日本人のそれは５０点である）。

	10位	20位
西洋人	−29%	−39%
日本人	−38%	−66%

総数	−29%	−41%

面白いことに、この結果は全体として見て、総合チャートと大差ない。期待値との乖離を見ると、日本人の場合には差が10点以上開いているものは「価値」があるだけで、これは期待値よりも18点高いから、かなり顕著な差ではある。西洋人の場合には、より高いのが「構成／構造」、より低いのが「修辞技法／隠喩」「批評」だが、点差は10〜12点と小さい。総計でも期待値より高いものとして「価値」と「構成・構造」を除けば、高いもの（美的体験・趣味・想像力）でも低いもの（美・創造／創出・表現・批評）でも、差は大きくない。この全体的傾向は、若い世代が実は若くない、ということかもしれない。ボーダーラインの年齢を引き下げれば多少違った結果が出る可能性はあるだろう。しかし、特に日本の場合、専門家であるかぎり、若い世代ほど教育とアカデミズムの影響を強く受けている、という事実があると考えられる。従って、この「ごく標準的」という結果は、学問の世界における「若さ」の実態に照応している、と見るべきであろう。

それでも概念の選択には、見るべき違いがある。特に著しいのは「約定（convention）」の場合である。総合チャートと比較してみれば、これを重要とした人の多くが40歳以下であることが分かる。人数で言えば、西洋人の場合12人中９人、日本人の５人中４人が40歳以下だし、点数で言えば、西洋人の170点中135点、日本人の55点中45点が若い世代の評価である。そのため、期待値との乖離は殆どない（期待値そのものが主として若い世代の評価に基づいている）が、ランクとしては、総合チャートにおける44位が９位に躍進している。同様の傾向は、西洋人における「コード」に見られる。これを挙げた10人のうち９人が40歳以下であり、得点でも145点中130点がかれらの与えたものである。この概念に対する日本人の関心が全体的に低いために目立たないが、それでも47位が17位にランクを大きく上げているし、西洋人の40歳以下だけに注目すれば、「コード」は３位を占めている。この２つの概念は、自然と「制度（insitution）」はどうなのか、と考えさせる。総合チャート（71位）では、これを選んだ西洋人は６人、日本人は５人で、そのうち各３人が40歳以下である。得点はそれぞれ40点ずつで、評価はさほど高くないが、それでも全体では71位から46位へとランクを上げている。

5　女性のチャート

当初、サンプル数が11とあまりに少ないため（総数は53なので、11は約21%にすぎない）、女性だけのチャートを作ることは不可能と考えたが、集計してみると、非常に顕著な傾向が現れてきたので、それを無意味と考えることはできない、と判

断するようになった。そのチャートを次に示す。サンプルが少ないので、それを西洋と日本に分けて数値を取ることはできない（内訳は西洋人9人、日本人2人で実質は西洋人女性という色彩が強い)。従って、総数だけのチャートである。

1	art	175/ 9 (170)	11	aesthetic experience	100/ 7 (123)
2	taste	140/ 8 (133)	11	pleasure	100/ 7 (103)
3	beauty	130/ 7 (126)	11	aesthetic consciousness	100/ 6 (100)
4	"catharsis"	120/ 8 (112)	14	composition/structure	95/ 6 (81)
4	imagination	120/ 7 (116)	14	originality	95/ 6 (87)
6	value	115/ 6 (104)	16	feeling	90/ 7 (88)
7	communication	110/ 7 (110)	16	interpretation	90/ 5 (80)
8	music	105/ 7 (103)	18	history of aesthetics	85/ 6 (94)
8	rhetorical figures...	105/ 7 (102)	18	illusion	85/ 6 (81)
8	creation/invention	105/ 6 (101)	18	education	85/ 5 (80)
			18	symbol & sign	85/ 5 (96)

ここでの減衰率は10位で40%、20位で51%である。

ここでも、「若い世代のチャート」の場合と同じように、期待値との乖離はさして意味がない。一応10点以上開きのあるものを挙げれば、より高いものは「構成／構造」「解釈」、より低いのが「美的体験」「象徴と記号」であり、点差が大きいのは「美的体験」だけである。

注目すべきは、やはり、ランクに現れた評価そのものの、総合チャートからの乖離である。ここには「趣味」「カタルシス」「音楽」「快」「イリュージョン」「教育」に顕著な強調が見られる。先ず「趣味」は、これを選んだ人２２人中８人が女性で、365点中140点が彼女たちの評価である。既に指摘したように、既に過去のものとなった概念という性格も見られるが、女性たちの支持は強く、そのために19位が２位に上がっている。女性の体験様式に関係があるのかもしれない。そのように考えさせる概念がここには、他に「カタルシス」「快」「イリュージョン」と並んでいて、更には「感情」もこれに加えて考えることもできよう。これらを順次見てゆくことにする。

まず「カタルシス」は25人中８人、350点中120点が女性で、総合評価21位が４位になった。「快」は19人中７人、280点中100点が女性、総合29位が11位に、「イリュージョン」は17人中６人、230点中85点が女性、総合41位が18位になっている。「感情」について言えば、25人中７人、315点中90点が女性で、総合27位を16位に上げている。比率はより小さいが同じ傾向を示していることは間違いない。これら体験

の特殊な形態や特殊な成分に関心を集中した結果、「美的体験」については期待値を下回る評価（ランクでは4位が11位へ）しか与えなかったのではなかろうか。

「音楽」は面白い。先ずデータを挙げると、15人中7人、220点中105点が女性で、約5割に相当し、「女性率」は他のいかなる概念よりも高い。ランクの点でも43位が8位へという躍進である。アンケートにリストアップする概念を選ぶ際に、わたくしは個々の藝術ジャンルの名称を加えておいた。これが美学の術語とは言えないと考えてはいたが、「美学の基礎知識として教えるべきもの」として基礎概念を規定するからには、個々の藝術ジャンルをそのようなものと見なす可能性はある、と判断したからである（特に「音楽的」「絵画的」などとすれば、隠喩的に他の領域へと適用される可能性をもっている）。この種の他の概念について言えば、総合チャートにおいて、最も高い位置を占めたのはやはり音楽だったが、続いて絵画（47位、205点／14人）、建築（50位、185点／14人）、演劇（61位、155点／10人）、文学（66位、140点／10人）、映画（71位、130点／10人）、彫刻（78位、115点／9人）、舞踊（90位、70点／5人）という具合である。ちなみに、女性のチャートのなかで音楽に次ぐのは、やはり絵画で、5人から75点の評価を得て23位にランクされている。総じて、このジャンル概念を挙げた人のうち、3人に1人は女性と見られるが、それでも音楽の評価は突出している。この評価は、女性が音楽好きだというよりも、女性にとって音楽的な体験様式が美的体験の理想をなしている（W・ペーターの美学がそうであったように）、という意味ではなかろうか。

「教育」は毛色が違う。15人中5人、240点中85点が女性で、総合順位40位を18位に上げている。これはおそらく、教育問題に対する女性の関心の反映であろう。

6　アンケート調査の意義

上記の調査がサンプル数が少ないという問題をはらんでいたことは別として、ただ1度の調査で現在を動態において捉えることはできない。10年20年の間隔をおいて数回の調査を行ってはじめて、変化を捉えることができる。それでも、この調査は、新しい傾向があるとしても、それが斯学の中心に及んでいないこと、周囲で華々しく語られる新思潮の話題にもかかわらず、変化は緩慢にしか進行していないことを、はっきりと示している。また、日本の美学が、西洋学でありながら、西洋の美学以上にアカデミックで標準化されていること、そして女性の問題意識が相当に特異な傾向のものであることを、この調査を通して、われわれはしっかりと確認することができた。

それにもかかわらず、冒頭にも示した通り、この種の調査に対する懐疑があることは、間違いない。或る女性の哲学者の提起された懐疑を、ここで紹介しよう。そ

れはリストアップされた概念相互の間の異質性に関するものである。既に「女性のチャート」に関連して指摘したような、音楽、演劇など藝術ジャンルの名称がある。また、美や醜などは価値概念もしくは質に関する概念である。さらに模倣や制度など理論的な概念がある、という具合である。それらをどのようにして比較し、どのような基準によって相互の重要性を見積もればよいのか。結果は厳密なものとはなりえないのではないか、これが彼女の疑問であり意見だった。それは、回答者の戸惑いを正確に表現しているように思う。いかなるアンケート調査においても、疑問や戸惑いを感じつつ、自分で明確な決着をつけて回答することが要求される。このようにして、自らの個人的な思いが無名の集団性のなかへ平均化されることを、予感せずにはいられなくなる。

つまるところ問題は、集団の存在を信頼するかどうかにある、のではなかろうか。たといそれが学問の集団であれ、集団の意見は誰の意見でもない。しかし、それは誰もの（Everymanの）意見でもある。わたしの意見はこの集団の意見と完全に一致するわけではない。しかし、集団の意見はまったくわたしの意見と異なるものでもない。このいまの思想的風土のなかで、わたしの意見に何らかの個性があるとすれば、それはこの集団の意見からの偏差によって計られるはずのものである。しかし、集団の意見は、これらのさまざまな偏差を飲み込んだ平均値である。わたしがＡとＢの間の選択に迷い、Ａを選んだとする。Ｂに対する心残りな気持ちは捨てられてしまったように思われる。しかし、おなじ選択に迷いＢを選ぶひともいるはずである。多くの人びとの迷いは、集団のレベルでは、ＡとＢの数値の比によって表現されることになる。つまり、わたしの戸惑いや迷いは、集団的選択の統計的分布のなかに、大なり小なり表現されるのではなかろうか。勿論、数値は個々人の問題を解決しない。しかしその問題のなかの何かを表現する。この何かを、わたくしは重要なものと考える。学問の共同制作の側面を重視し、われわれの哲学の思索への転換と、《われわれの問題》を共有することを訴える本書の構想は、このような確信と無縁のものではない。

著者略歴

1943年　東京生
1965年　東京大学文学部卒業
　　　　同大学院人文科学研究科博士課程修了（美学藝術学）
現　在　東京大学大学院人文社会系研究科・文学部教授
主　著　『せりふの構造』（講談社学術文庫）
　　　　『作品の哲学』（東大出版会）
　　　　『演出の時代』（春秋社）
　　　　『美学辞典』（東大出版会）
　　　　『ミモザ幻想—記憶・藝術・国境』（勁草書房）
訳　書　アンリ・グイエ『演劇の本質』（TBSブリタニカ）
　　　　同『演劇と存在』（未來社）
　　　　グループμ『一般修辞学』（共訳・大修館書店）
編　訳　『創造のレトリック』（勁草書房）

エスニックの次元　《日本哲学》創始のために

1998年5月20日　第1版第1刷発行

著　者　佐々木《ささき》　健《けん》　一《いち》

発行者　井　村　寿　人

発行所　株式会社　勁《けい》　草《そう》　書　房

112-0004　東京都文京区後楽2-23-15　振替 00150-2-175253
電話（編集）03-3815-5277（営業）03-3814-6861
FAX 03-3814-6854
港北出版印刷・和田製本

ISBN 4-326-15336-9

エスニックの次元　《日本哲学》創始のために

2015年1月20日 オンデマンド版発行

著　者　佐々木健一

発行者　井　村　寿　人

発行所　株式会社　勁《けい》草《そう》書　房

112-0005 東京都文京区水道2-1-1　振替　00150-2-175253
（編集）電話03-3815-5277／FAX 03-3814-6968
（営業）電話03-3814-6861／FAX 03-3814-6854

印刷・製本　(株)デジタルパブリッシングサービス http://www.d-pub.co.jp

AI944

ISBN978-4-326-98187-8　Printed in Japan

http://www.keisoshobo.co.jp